D1734126

Ernst Wichert · Der Schaktarp – Eine litauische Geschichte

DEUTSCHE BIBLIOTHEK DES OSTENS

Herausgegeben
von
Karl Konrad Polheim und Hans Rothe

Nicolai

ERNST WICHERT

Der Schaktarp
Eine litauische Geschichte

Herausgegeben
von
Helmut Motekat

Nicolai

In Verbindung mit der Kommission zum Studium der deutschen
Geschichte und Kultur im Osten an der Universität Bonn

Unveränderter Nachdruck 2015
©1988 Nicolaische Verlagsbuchhandlung Beuermann GmbH, Berlin
Lektorat: Carolin Hilker-Siebenhaar
Umschlagbild: Alfred Partikel, Ostpreußische Landschaft
(Memelniederung), 1940
Alle Rechte vorbehalten
Printed in the EU
ISBN 978-3-89479-893-2

Der Schaktarp

Es ist ein gar merkwürdiger Strich Landes, der sich, entlang dem kurischen Haff, zwischen den Ausflüssen des mächtigen Memelstromes – bekanntlich in dem benachbarten Rußland „Niemen" geheißen – dahinzieht. Der Nemonien, die Gilge, die Ruß sind selbst breite Ströme, und durch das Flachland zwischen ihnen ziehen sich in großer Zahl andere Wasserläufe, theils ebenfalls in das Haff einmündend, theils jene miteinander verbindend, theils mit breitem Anlaufe sich abzweigend und plötzlich in einem Schilfsee stagnierend. Geradlinige Kanäle von Menschenhand zur Beseitigung der Gefahren der Schiffahrt auf dem oft stürmischen kurischen Haff angelegt, schneiden sie in der Richtung nach Norden. Wassergräben, für den Sprung eines kräftigen Mannes oft nicht zu breit, ziehen sich gleich langen Fäden eines Spinnennetzes überall in die Wiesen und Wälder hinein. Wer von einem Ort zum andern will, besteigt eines der langen Boote mit flachem Boden, die in der Nähe jedes Hauses angekettet oder halb auf's Land gezogen liegen, und die Häuser selbst stehen vielfach auf frei vortretenden Pfahlrosten, die sie gegen die Überschwemmung und den Eisgang im Frühjahr zu schützen haben.

Was da von Baumschmuck in der Nähe der Höfe und entlang den Dämmen sichtbar wird, ist ein Gemisch von Weiden, Pappeln und Ellern, besonders die Weiden gedeihen gut und wachsen rasch zu mächtigen Bäumen mit zierlich gestalteten Laubkronen auf, zwischen denen das zackige Geäste sichtbar bleibt. Auch an Birken mit ihrem beweglichen Behang an den weißen Zweigen mangelt es nicht. Hinter den Häuschen liegen die Kartoffel- und Zwiebelgärten. Tiefe Rinnen sondern die schwarzen Beete schachbrettartig von einander ab, und an der tiefsten Stelle fehlt nie die Schöpfvorrichtung, durch welche das sich überflüssig ansammelnde Wasser in die höher gelegenen Röhren unter dem Damme geworfen wird. Weiter zurück ziehen sich meilenweit die grünen Wiesen oder die braunen Moorbrüche hin, von denen noch zu reden sein wird, und in einiger Entfernung, zu beiden Seiten der Flüsse, schließt der Wald die Aussicht ab, oft nur ein dichtes Gestrüpp von Ellern auf Sumpfgrund, nordwärts aber sich ausbreitend zu dem großen Ibenhorster Forst, in dem noch ein kleiner Stamm des Elchwildes haust, das manchmal von vornehmen Jägern aufgesucht wird.

Der Grundstock der Bevölkerung ist lettisch und littauisch, aber seit zwei Jahrhunderten sind auch viele deutsche Colonisten angesiedelt und als Ackerbauer, Stromschiffer, Holzflößer und Händler tätig. Man spricht beide Sprachen gleich geläufig. In den Schulen wird deutsch unterrichtet, und auch die Amtssprache ist deutsch; aber Geistliche, Schullehrer, Förster und Fischmeister wissen sich bald auch littauisch mit den Leuten zu verständigen, mit denen sie täglich zu verkehren haben. Wer dort eine Anstellung gefunden hat, sitzt meist fest bis an sein Lebensende und sucht sich in seiner Verlassenheit möglichst behaglich einzurichten.

Am Ausflusse des Gilge-Stromes in das Haff liegt das große Fischerdorf Gilge lang hingestreckt zu beiden Seiten der Wasserstraße. Die Ufer sind durch breite Aufschüttungen von Kies und Sand erhöht und gegen den Fluß hin durch Pfahlwerk und Faschinen geschützt. Darauf stehen in langer Reihe die Fischerhäuser, meist in alter Weise von Holz gebaut, mit dem buntverzierten Giebel gegen den Strom hin gestellt, einstöckig, mit breitem, bemoostem Strohdache, ohne

Rauchfang. Zu jedem Hause gehört ein kleiner Hafen für die großen und kleinen Fischerkähne und Boote. Auf dem Damm, der ihn sichert, stehen einige vom Sturm zerzauste Weiden, kleine Stallungen, lange Holzreihen. Die Kirche ohne Thurm erhebt sich rechts auf einem aufgeschütteten Hügel, der als Friedhof dient. Auf dem Haken gegen das Haff hin dreht eine Windmühle ihre Flügel. Weiter hinaus hinter den weiten Schilfkampen, tauchen aus der glitzernden Wasserfläche Stangen mit Fähnchen auf, die tiefere Fahrstraße bezeichnend. Ein scharfes Auge erkennt in weitester Ferne den grauen Streifen der Nehrung. Sind die Fischer heimgekehrt, was zweimal wöchentlich geschieht, so ragen aus allen Häfen die Masten ihrer Fahrzeuge auf, an der Spitze mit einem Fähnchen von Eisenblech geschmückt, in das der Name des Besitzers eingeschrieben ist, und auf dem gewöhnlich noch eine Figur von Blech, meist ein Schiff oder eine Kapelle, emporragt. Auch farbige Wimpel am Mast oder an der gebogenen Gaffel fehlen nicht. Es herrscht dann ein reges Leben, namentlich in der Nähe der Gasthäuser, wo der Fischmarkt abgehalten wird, zu dem sich die Fischhändler von weither einzufinden pflegen.

In den letzten Tagen des Mai, vor einer Reihe von Jahren war es, als die Bewohner des Dorfes Gilge, bis zum geringsten Fischerknecht hinunter, durch ein Ereigniß besonderer Art lebhaft beschäftigt wurden. Es sollte ein großes Begräbniß geben; denn Michael Endromeit, einer der reichsten Fischerwirthe und zugleich der erste Holzhändler des Ortes, war gestorben. Er hinterließ eine Wittwe, Grita Endromeit, und außer zwei verheiratheten Töchtern einen einzigen Sohn, Endrik, der in der Wirthschaft und im Holzgeschäft an seine Stelle treten sollte. Das Fischerhaus lag nicht weit von der Windmühle und gehörte zu den größten und ältesten des Dorfes.

7

Bei Bränden war es stets verschont geblieben, und schon der Urgroßvater hatte es so bewohnt, wie es sich jetzt zeigte. Die ganze Giebelwand war von getäfeltem Holz hergestellt, und auf der Spitze über der Strohlage kreuzten sich zwei Pferdeköpfe von Holzschnitzwerk, reich gezäumt. Auf den gebogenen Hälsen saßen kleine Vögel, und aus der Mitte zwischen ihnen erhob sich ein Tannenbaum, dessen Spitze wieder ein Vögelchen mit gespreizten Flügeln einnahm. Links vom Hause öffnete sich eine Halle, von einem Strohdach bedeckt, das der Länge nach von vier geschnörkelten Pfosten gestützt wurde; fast an ihrem Ende zeigte sich die breite Thür. Letzere führte in den großen Küchenraum mitten im Hause, von dem aus Thüren nach vorn in die Wohnstube und Schlafkammern leiteten, während nach hinten hinaus ein langer Gang auf Stallungen und Vorrathssräume zu beiden Seiten unter demselben Dach, weiter auf Garten und Feld wies. Unter der niedrigen Feuerstelle in der Ecke hing an eiserner Kette der große Kochtopf. Der Rauch zog oben durch die Decke ab, wo auf Latten und Stangen die großen und kleinen Netze ausgebreitet lagen.

In der Vorderstube, deren beide Fenster nach der Flußseite hin verhängt waren, während das nach der Halle führende Fenster offen stand und ein gedämpftes Licht einließ, stand in der Mitte auf zwei Holzschemeln der weiße „Nothsarg", in dem die Leiche des Michael Endromeit im Kirchenanzuge lag, ein Gesangbuch zwischen den Händen. Den richtigen Sarg hatte Frau Grita gleich am Todestage beim Tischler Abroms bestellt, der in dem Rufe stand, die schönsten Malereien anbringen zu können. Der Sarg sollte, nach uraltem Herkommen in dieser Gegend, mit himmelblauer Farbe angestrichen sein und grüne Kanten haben: die Seitenbretter und der Deckel aber mußten mit Blumen, etwa Rosen, Tulpen und Maßlieb, möglichst bunt bemalt werden, und die

Wittwe hatte einen Thaler über den geforderten Preis zu zahlen versprochen, wenn des Tischlers Kunst diesmal etwas Außerordentliches leiste. Einbegriffen in diesen Preis war zugleich die Gedenktafel, die auf das Grab gestellt werden sollte: auf einem Pfahl ein grüngestrichenes Brett mit einem weißen, rothumrandeten Herzen in der Mitte, auf dem der Name des Verstorbenen und das Todesjahr zu lesen; daran nach unten hin zwei Pferdeköpfe mit rothen Rosen an Stelle der Augen und Nüstern, nach oben hin aber, schräg aufsitzend, zwei gelbe Vögel mit rosa Flügeln und blauen Köpfchen; obenauf endlich eine kleine Säule, die auf gewundenem Draht ein kleines, buntes Vögelchen zu tragen hatte. Frau Grita bestimmte Alles genau und Abroms hatte versprochen, das beste Material zu verwenden.

Die große Stube zeigte übrigens mancherlei mit diesem Geschmacke übereinstimmende Werke von seiner oder seiner Vorgänger Hand. Das große Kleiderschaff, der Himmel des Bettgestells, der Tellerschragen an der Wand, der Kasten zwischen den Fenstern, die hohen Lehnen der Stühle waren blau angestrichen und mit Blumen bemalt. Auf den Tischen lagen Decken von dunklem Wachsstaffet und darüber schmälere von grauer Leinwand mit eingestickten blauen und rothen Streifen zu beiden Seiten. Auf dem Himmelbette standen große Gefäße von blauer Fayence, die Endromeit als Matrose von England mitgebracht hatte. An den vom Rauche glänzend gebräunten Balken der Decke aber hingen in langen Reihen weiße Henkeltöpfe von verschiedener Größe, Tassen und Seidel, zum Theil mit Goldrand und Aufschrift oder mit blanken Zinndeckeln versehen, von jeder Sorte wohl zwanzig und mehr. Im Schragen steckten die Löffel. Dunkelblau waren die Vorhänge an den Fenstern und um das Himmelbett, grünglasirt dagegen die Kacheln des mächtigen, von Bänken umstellten Ofens in der Ecke zwischen den beiden Thüren. Aller

9

Schmuck, der die Wohlhabenheit des Hauses beweisen konnte, schien in dieses eine Zimmer zusammengetragen zu sein; in dem einfenstrigen Stübchen nebenan und in den Schlafkammern begnügte man sich mit dem dürftigsten Mobiliar.

Frau Grita hatte alle Fußböden scheuern und reinigen lassen. Ein Kalb und diverses Federvieh waren geschlachtet, Roggen- und Weizenbrot angeteigt, eine Tonne Bier in einem Winkel des großen Flures bereit gestellt. Bewies sich auch bei allen diesen Vorbereitungen die Herrin selbst als die Thätigste, so half ihr doch die Magd Else Jurgeitis treulich, während ihr Sohn Endrik die Einladungen im Dorfe und stromauf in der Nachbarschaft besorgte. Da war der Herr Fischmeister Grünbaum mit seiner Tochter zum Begräbnis zu bitten, und weiter der Herr Förster Labrenz mit seiner Frau, auch der Lehrer und der Aufseher der großen Schöpfwerke in Petriken – lauter Honoratioren, mit denen man sich gern in so freundschaftlichem Verkehre zeigte. Die beiden Knechte waren mit dem großen Kahne ausgeschickt, eine Ladung Sand für das Grab herüberzuholen; denn Jeder, der eine Leiche auf dem Kirchhofe bestatten ließ, war verpflichtet, die Stelle zu erhöhen, da man wegen des Wassers nicht weit in die Tiefe graben konnte.

Nun schickte die Wittwe, die bei ihrer Geschäftigkeit gar nicht zu stiller Trauer kam, ihren Sohn noch nach dem Dorfe Nemonien, dort den Posthalter, den Lehrer und einige von den großen Wirthen einzuladen. Zu Wasser, auf den Flüssen und Kanälen, wäre es ein weiter Weg gewesen, aber am Haffrande entlang über die Moorwiesen, die jetzt schon ziemlich trocken waren, ließ er sich in einer guten Stunde zurücklegen. Mit seinen hohen Wasserstiefeln durfte Endrik hoffen, auch die schlimmsten Stellen leicht überwinden zu können. So ließ er sich denn von Else auf das jenseitige Ufer übersetzen, um seinen Gang anzutreten.

Schon seit vierundzwanzig Stunden blies ein scharfer West-wind gegen den Strom, sich immer noch verstärkend. Das Wasser war deshalb hoch aufgestaut und schlug kräftige Wellen. Zwischen den langen Holzreihen war es ein Pfeifen und Singen, als ob Herr Blasius sich eine Extra-Musik bestellt hätte, und im geschützten Hafen selbst tanzten die angeketteten Fahrzeuge lustig auf und ab. Else stand vorn in dem flachen Kahne, der den Wellen nur ein leichtes Spielwerk schien, und legte das platte Ruder bald rechts, bald links ein. Endrik stieß hinten mit einer Stange gegen den Grund, so lange dies möglich war und suchte mitten im Strome die Richtung zu halten, mit der Stange steuernd.

„Gieb mir das Ruder, Else", sagte er nach einer Weile; „Du wirst gegen den Wind ermüden."

„Ich ermüde nicht so leicht", antwortete sie, kaum hastiger athmend. „Bin ich doch eines Fischers Kind und habe schon bei schwererem Wetter das Ruder in der Hand gehabt."

Er versuchte, ob die Stange schon wieder Grund faßte, aber mit den ersten Stößen vergebens. „Steh nur fest", sagte er, „daß der Sturm Dich nicht umwirft; hier hat er gerade den freiesten Anlauf." Wirklich zauste er recht grob das rothe Kopftuch und drückte die Röcke fest gegen den Körper.

Else lachte dazu und gab dem Fahrzeuge eine Wendung, noch schärfer gegen den Wind hin. „Wir müssen eine Strecke weiter hinauf", meinte sie, „bis zum Krüger, damit mich der Wind zurück nicht abtreibt. Dir liegt es ja auch auf dem Wege."

Sie landete ganz sicher. Endrik drückte ihr die Hand, als er ausstieg, rief einen Jungen herbei und trug ihm auf, Else auf dem Rückwege zu begleiten. Sie wollte davon nichts wissen. „Du übernimmst Deine Kraft", schalt er besorglich; „einem Manne wird es bei solchem Sturme schwer, sich allein zu helfen."

Else stieß schon den Kahn vom Pfahlwerke ab. „Sorge nicht für mich", sagte sie, ihm mit dem freundlichen Gesicht zunickend. „Wann kommst Du wieder? Winke nur – ich will schon aufpassen."

Die letzten Worte wurden vom Winde fortgeblasen. Der Kahn trieb mit großer Schnelligkeit seitwärts ab in die Strömung hinein. Einen Augenblick schien es wirklich, als ob Else derselben nicht Herr werden könne. Dann aber setzte sie mit den kräftigen, nackten Armen das Ruder ein und warf das Fahrzeug herum. Sie stand nun an der hinteren Spitze, die deshalb tief in das Wasser einsank, während die vordere über jede Welle hinwegzutanzen schien. Der Wellenschaum spritzte an ihr hinauf, die Zipfel des Kopftuches und die Röcke flatterten. Immer rechts ruderte sie, um die Gewalt des Winddruckes zu überwinden. Und wirklich, schnurgerade erreichte sie ihr Ziel, den Endromeit'schen Hafen, ohne auch nur einmal zu schwanken. Wer ihr nachsah, mußte bei aller anfänglichen Beängstigung an dieser sicheren Leistung seine Freude haben.

Endrik sah ihr nach, bis sie hinter den Holzreihen drüben verschwunden war. Auch dann wartete er noch eine Weile. Er konnte sie über den Damm in das Haus gehen sehen. In die Halle eintretend, wandte sie sich zurück und hielt die Hand über die Augen, um weiter auszublicken. Vielleicht erkannte sie ihn, wie er sie. Aber was sie dazu für ein Gesicht machte, konnte er wegen der weiten Entfernung selbst mit seinen scharfen Augen nicht erkennen. Sie hielt sich auch nur einen Augenblick auf. Tiefer drückte er den Hut in die Stirn und ging mit raschen Schritten dem Haff-Ufer entgegen.

Am zweiten Tage darauf, Vormittags, fand bei schönstem Frühlingswetter das feierliche Begräbniß statt.

Zwei volle Stunden lang hatten die Glocken läuten müssen. Vor dem alten Fischerhause und auf dem Wege zum Kirchhofe sammelten sich Schaaren von Männern, Frauen und Kindern, die wenigstens sehen wollten, wie der Sarg vorbeigetragen wurde. Nach und nach kamen auch die Gäste an, meist zu Wasser, die einen über das Haff, die anderen stromab. Der Hafen war nicht geräumig genug, alle die Fahrzeuge zu fassen, unter denen auch die hübsche Jolle des Fischmeisters mit der rothen Flagge nicht fehlte – heute ein zu Ehren des Tages angebrachter Ausputz, sonst oft genug auf Haff und Fluß das mit Schrecken bemerkte Zeichen, daß eine Revision der Netze zu erwarten sei.

Von den Eingeladenen war keiner ausgeblieben. Die Wittwe, jetzt in städtischer Kleidung und das Taschentuch nur ungern von den Augen lassend, empfing sie in der Stube, wo der prächtige Paradesarg stand. Alle Welt wußte, daß die Eheleute nicht die friedlichste Ehe geführt hatten, da der Mann gern zu tief in das Glas sah und die Frau regelmäßig deshalb zankte; jetzt aber konnte ihn dreist ein Jeder loben, was er für ein guter Ehemann und Vater gewesen, und wie sein Wort in jedem Geschäft verläßlich befunden sei, wie er die Wirthschaft in die Höhe gebracht habe und aus einem Fischerwirthe ein großer Holzhändler geworden. Der Förster meinte, einen ganzen abgeräumten Wald hätte man ihm anvertrauen können, und der Fischmeister rühmte, daß er ihn nie auf Haff und Fluß bei etwas Unrechtem betroffen habe. Frau Grita nickte zu Allem zustimmend und sagte: „Es ist nur gut, daß ihn der liebe Gott so lange hat leben lassen, bis Endrik erwachsen war. Hoffentlich wird er von seinem Vater etwas Tüchtiges gelernt haben und auf eigenen Füßen stehen können. Es wäre mir sehr beschwerlich, wenn ich in meinen Jahren noch einmal heirathen müßte."

„Sorgt nur, daß Endrik auch bald eine zuverlässige Schwiegertochter in's Haus bringt", bemerkte der Fischmeister und schielte zu seiner Tochter hinüber; „er braucht nicht gerade ängstlich zu sein, in einem guten Hause seine Werbung anzubringen. Versteht er sich auf seinen Vortheil, so beschränkt er die Fischerei mehr und mehr auf des Tisches Nothdurft, bringt dafür aber den Holzhandel in Flor; dann zählt er zu den Kaufleuten! Dazu gehört freilich auch die richtige Frau…" Er zog die Finger durch den struppigen Kinnbart und hob zugleich ein wenig die breiten Schultern, wie Jemand, der andeuten will, daß er eigentlich noch nicht ganz fertig ist.

„Ja, dazu gehört die richtige Frau", antwortete die Wittwe sehr überzeugt, ohne sich doch näher auszulassen, was sie unter einer solchen verstand.

Nun kam der Herr Pfarrer in seinem Ornate, und der Küster begleitete ihn, eine große schwarze Decke tragend. Frau Grita küßte dem alten Geistlichen demüthig die Hand. „Ich hatte gehofft", sagte derselbe, „daß Du Deinen verstorbenen Mann in einem schwarzen Sarge würdest in die Grube senken lassen, wie es überall in der Christenheit so Sitte ist, und den Anderen im Dorfe mit gutem Beispiele vorangehen, damit endlich dieses heidnische Wesen aufhöre. Denn solch bunte Farben sind eher die Kennzeichen der Freude, als der Trauer; und ob wir schon den glücklich preisen mögen, der in Gottes Frieden eingegangen ist, so bleiben wir doch zurück als Leidtragende und sollen billig unsere Augen abwenden von solchem heiteren Schmucke."

„Er hat sich es selbst in der Sterbestunde Alles so bestellt, lieber Herr Pfarrer", antwortete die Frau, „und es ist auch so alter Brauch hier unter den Littauern, und drüben auf der Nehrung ebenso. Weicht einer davon ab, so ist gleich schlimmes Gerede, daß er zu den Deutschen in den Himmel wolle und sich hochmüthig von seinesgleichen abwende. Ein kurischer Fischer ist Endromeit doch einmal gewesen!"

„Aber ein Kreuz wirst Du ihm doch auf das Grab setzen lassen?" erkundigte sich der alte Herr weiter.

Die Frau sah verlegen zur Erde. „Er hat es nicht gewollt", sagte sie ausweichend. „Es schlafen da auf dem Kirchhofe viele gute Christen, deren Name auf einem Herzen geschrieben steht."

„Aber die beiden Pferdeköpfe! Was sollen die auf dem Grabe? Und die Vögel? Was haben sie zu bedeuten?"

„Ich weiß es nicht, Hochwürden, und frage auch nicht danach. Aber hübsch sieht es doch aus, wie die Vögelchen da aufgeflogen sind – ich denke mir, das sollen Paradiesvögel sein. Und die Pferdeköpfe, die Jeder sein Leben lang über sich auf dem Dache gesehen hat, die will er doch auch auf dem Grabe haben."

Der Pfarrer seufzte und winkte dem Küster. „Breiten wir denn wenigstens die schwarze Decke während des Gebetes über den Sarg", sagte er so entschieden, daß sich dagegen Widerspruch nicht laut machen konnte. Der Küster führte seinen Befehl aus, und gleich darauf hub der allgemeine Gesang an. Alle Verse eines langen Kirchenliedes wurden durchgesungen, und so gut waren die Stimmen geschult, daß man am Schlusse auch nicht um einen halben Ton abwich. Nach dem Gebete wurde der Sarg von acht Fischerwirthssöhnen hinausgetragen und in feierlichem Zuge ging es dann nach dem nahen Kirchhofe, an der neugierig drängenden Menge vorüber. Am Eingange rechts zeigten sich Begräbnißplätze, von eisernem oder hölzernem Gitter umgeben, und Gräber mit schwarzen Kreuzen; links aber und weiterhin um die uralte Weide saßen dicht die bunten Vögel auf den Pferdeköpfen, und die kleinen Vögelchen oben schaukelten im Winde auf den Spiralen von Draht, als ob sie eben auffliegen wollten. An vielen solchen älteren Postamenten waren aber auch die Verzierungen schon abgefallen und die Farben verblichen; kaum

15

daß man auf den gemalten Herzen noch die Namen und Jahreszahlen zu lesen vermochte.

Vor der Weide, nicht weit von der Kirchenthür, hatte die Familie Endromeit ihren Begräbnißplatz. Er war hoch aufgeschüttet, und der Pfarrer war, während er am offenen Grabe stand, nach allen Seiten hin sichtbar. Er hielt eine Rede, die dem Fischmeister Grünbaum wahrscheinlich zu lang wurde, denn er gähnte mehrmals kräftig hinter der Hand. Während des dann folgenden Liedes verschwand die Wittwe; sie hatte im Hause nachzusehen, ob zur Aufnahme der Gäste Alles gehörig vorbereitet sei.

Endrik blieb, bis der Todtengräber sein Amt verrichtet hatte, und half selbst den grauen Kies aufschütten. Auch Else hatte eine Schippe in die Hand genommen und arbeitete mit, dem alten Manne die Mühe zu erleichtern. Als sie fertig waren, sprachen sie noch ein stilles Vaterunser und gingen dann zusammen nach dem Hause zurück. Anfangs schweigend; schließlich aber sagte Endrik: „Es wird jetzt Vieles anders werden, seit der Vater todt und begraben ist. Meinst Du nicht auch, Else?"

Das Mädchen sah auf und nickte. „Du bist nun der Herr."

„Doch nicht so ganz, Else. Die Mutter wird die Wirthschaft nicht abgeben wollen, und was da herauskommt, wenn Zwei neben einander –"

„Aber sie braucht Dich."

„Das wohl; ich meine nur, sie wird überall allein befehlen wollen, wo sie die Dinge doch nicht leiten kann. Es gehört ihr ja auch die Hälfte von Allem, und die andere Hälfte geht auf drei Theile."

„Wenn getheilt wird! Es ist für Dich aber besser, Du wartest ab, bis sie Dir das Haus mit der Fischerei-Gerechtigkeit übergiebt und ein Ausgedinge nimmt."

„Das schon, aber wann geschieht das? Ich bin ihr noch zu

jung, und sie hat mich immer anders haben wollen, als ich bin. Sie selbst hält zwar am alten Brauche fest, aber ihren Sohn sieht sie nicht gern in der Fischerjacke. Deshalb war ihr auch die Schule hier nicht gut genug für mich. In Labiau aber, unter deutschen Bürgerkindern, habe ich noch weniger gelernt, als mein Kopf sonst vertragen hätte. Darum bin ich bei dem Herrn Pfarrer auch so oft die Antwort schuldig geblieben. Hinterher sollte ich in der Stadt die Handlung lernen, um zu wissen, wie man Alles aufschreibt und ordentlich nach dem Buche hält; aber da kam gar nichts heraus, und der Kaufmann hat mich zum Glück bei Zeiten zurückgeschickt. Nun kann ich, was mein Vater gekonnt hat: bei jedem Wetter will ich einen Fischerkahn führen und im Walde bei Holzkäufen soll man mich nicht betrügen. Aber das ist der Mutter so nicht recht. Es soll Alles ein vornehmes Wesen haben und wo möglich auf deutsche Art eingerichtet sein, wie sie es bei den Holzhändlern in Ruß oder gar in Memel gesehen hat. Das kommt daher, weil sie auf ihr Geld stolz ist und doch nicht bedenkt, wie leicht man es im Großen verlieren kann, wenn es im Kleinen schwer verdient ist. ‚Wir haben Geld!‘ sagt sie nur immer. Aber das ist das Wenigste. Man muß es zu gebrauchen verstehen, und wer nicht im Kopfe rechnen kann, der soll sich hüten, mehr zu schreiben, als er aus der Hand auf den Tisch zählen oder vom Tische in den Beutel streichen kann. So hat es mein Vater gehalten und ist gut dabei gefahren. Deshalb wollte es nie einem was nützen, wenn er ihm vor dem Geschäfte scharf zugetrunken hatte; denn so nüchtern blieb er noch immer, daß er das Geld zwischen den Fingern fühlte. Zum Schreiben aber hat ihn Keiner bewegen können, auch nicht Morgens früh. Was er kaufte, das hat er auch baar bezahlt, und was er verkaufte, das gab er nicht eher aus der Hand, bis das Geld auf dem Tische lag. Sie haben ihm oft angeboten, in der Luft Geschäfte zu machen, und großen Vortheil versprochen; aber er hat immer Alles mit Augen sehen wollen, und darum ist es langsam gegangen mit dem Reichwerden, aber sicher. Ist es der Mutter so recht, so bleiben wir auf derselben Bahn, und meine Schwestern sollen dabei nicht zu kurz kommen. Weiß sie es aber besser, so taugen wir schwerlich zusammen."

Else hatte ihn sprechen lassen und ruhig zugehört. Sie konnte wohl denken, daß er mancherlei auf dem Herzen hatte, was nun herunterwollte, und es verwunderte sie auch nicht, daß er gegen sie so vertraulich war, da er auch sonst vor ihr nichts geheim gehalten hatte, was ihn nahe anging, weder Freudiges, noch Betrübendes. Sie war schon viele Jahre im Hause. Der alte Endromeit hatte sich aus Mitleid ihrer angenommen, als ihrem Vater, seinem Nachbar, das Fischerboot verkauft wurde und er in das Gefängniß gehen mußte, besonderer Umstände wegen. Sie war dann als Magd geblieben, und der Alte hatte sie immer freundlich behandelt. Zwischen Endrik und ihr bestand das alte Verhältniß, wie zwischen Nachbarskindern, fort. Im letzten Jahre war es noch viel inniger geworden, und hatte er sein Herz auch nicht auf die Zunge gelegt, so wußte das Mädchen doch darin zu lesen.

Längst schon hatten sie den hohen Steg am Graben hinter sich und den Kartoffelacker zu beiden Seiten, der sich bis an das Haus zog. Noch wenige Schritte, und sie mußten sich trennen. Er schien zu warten, daß sie ihm etwas antworten solle; aber sie ging nachdenklich mit gesenktem Kopfe neben ihm her, die Schippe nachschleifend. Endlich auf der Brücke nach dem Stallgange sagte sie: „Du mußt nur von Anfang an fest sein in Allem, was Du meinst von Deiner Mutter fordern zu können. Dann gewöhnt sie sich vielleicht rasch hinein. Was Du aber jetzt nicht erlangst, das erlangst Du künftig nimmermehr, wenn sie erst einmal ihren Willen gehabt hat."

„Das ist auch meine Meinung", versicherte er. „Ich muß sehen, daß ich festen Boden unter den Füßen bekomme. Hilf mir dazu, Else!"

„Wie soll ich dazu helfen?" fragte sie, blieb aber im Gange stehen und streichelte die Kuh, die den Kopf über den Baum legte.

Er hielt eine kleine Weile die Antwort zurück, stellte sich aber dicht neben sie und reichte der Kuh die Hand zum Lekken hin. „Ich will Dir's sagen", zischelte er dann, „wenn Du heute noch einmal auf den Kirchhof an des Vaters Grab kommen willst, wo wir ganz ungestört sind. Gerade da möcht' ich Dir's gern sagen und heute noch. Wenn die Gäste bedient sind, bist Du ja hier nicht mehr so nöthig, und ich selbst wäre ihnen am liebsten ganz aus dem Wege gegangen. Das konnte freilich nicht geschehen!"

Else sagte dazu weder ja noch nein, und er war auch damit zufrieden. Da sie aber nicht fortging, legte er leise seinen Arm um sie, und sie ließ es sich gefallen. Freilich nur eine kurze Minute; dann bückte sie sich, um ein Bündelchen Heu aufzuheben, das die Kuh verloren hatte, fütterte sie damit und entfernte sich nun eilig. Vom Mittelraume des Hauses her war die Stimme der Herrin zu vernehmen, die wegen der Bewirthung der Gäste Anordnungen traf.

Als Endrik an seiner Mutter vorüberging, meinte sie: „Du bleibst so lange fort! Sprich den Gästen freundlich zu, daß sie sich satt essen. Das ist nun Deine Sache. Der Herr Kapitän trinkt gern ein Glas Portwein; gieße fleißig ein. Wie gefällt Dir seine Tochter? Ein hübsches Mädchen und gar nicht so hochmüthig wie des Posthalters Franziska. Die will hoch hinaus und bleibt am Ende noch sitzen. Mit Geld wird da viel geklappert, aber es soll fremdes Geld sein. Der Herr Kapitän kann seiner Tochter keine große Ausstattung geben. Was thut das, wenn sie in eine wohleingerichtete Wirthschaft kommt? Und ihr Vater ist ein Mann, der Vielen helfen und schaden kann; ich möcht' ihn lieber zum Freund, als zum Feind haben. Wer weiß, ob der Anskis Jurgeitis nicht noch jetzt unser Nachbar wäre, wenn... Aber ich will nichts gesagt haben; es mag Alles strenge nach dem Rechten gegangen sein. Ein Glas Portwein trinkt er gern – das vergiß nicht."

Der Herr Kapitän, von dem sie sprach, war kein Anderer, als der Fischmeister Grünbaum. Er war früher Schiffskapitän gewesen und hatte zuletzt, bevor er diesen Posten erhielt, ein Dampfboot auf dem kurischen Haff und im Memelstrome gefahren. Er ließ sich noch immer lieber Herr Kapitän, als Herr Fischmeister nennen. Er war als ein sehr strenger Beamter allgemein gefürchtet, aber man konnte ihm, wie man auch aufpaßte, nichts nachsagen, außer daß er eben sehr streng war und genau nach dem Gesetze verfuhr, was natürlich keinem gefiel. Er hatte Sorge genug gehabt, seine drei Söhne zu erziehen und zwei Töchter anständig unter die Haube zu bringen; aber Niemand durfte sich rühmen, daß er ihm etwas in die Hand gesteckt hätte, was ihm nicht auch in demselben Augenblicke zurück gegen den Kopf geflogen wäre. Mit den Fischerwirthen vermied er sonst jeden gesellschaftlichen Verkehr; nur bei einigen ganz zuverlässigen, die vornehmlich Holzhändler waren, machte er gelegentlich eine Ausnahme. Sein Besuch wurde dann als eine große Ehre angesehen. Und so war er auch heute die Hauptperson, der Gegenstand ganz besonderer Aufmerksamkeit.

In der großen Stube gingen die Gäste ab und zu. Es war ein Tisch mit allerhand Speisen hineingetragen und mit Wein- und Schnapsflaschen bestellt. In einer Ecke lag auf einer Holzbank die Biertonne, fest gestützt und mit einem blanken Krahn versehen. Jeder konnte nach Belieben zugreifen, in der Stube bleiben oder in die offene Halle hinausgehen, wo jetzt gleichfalls Tische und Bänke standen.

Grünbaum hatte dort Platz genommen, wo er, wie er sich

ausdrückte, „mehr Luft schnappen" konnte. Die Speisen und Getränke wurden durch das Fenster hinausgereicht, damit er keine Mühe hätte, und davon zogen dann auch seine Nachbarn Vortheil.

„Julchen", rief er seiner Tochter zu, „hilf hübsch der guten Madame Endromeit. Ein junges Mädchen muß nicht müßig sitzen und sich bedienen lassen. Immer offene Augen und flinke Beine! Das gefällt Alt und Jung. Da bringt der Endrik die Portweinflasche: nimm sie ihm ab und schenk' ihm auch ein Gläschen ein – wir wollen anstoßen. Na, nicht den Kopf hängen lassen, mein Junge! Sterben müssen wir Alle, und es ist einmal so der Welt Lauf, daß Einer dem Andern Platz macht. War ein braver Mann, der Alte, und ein Glas Memeler Portwein hat er allemal zu würdigen gewußt. Sein Sohn wird doch nicht aus der Art schlagen? Nochmals voll, Julchen, und dann gieb uns nur gleich die Flasche hinaus. Ich wette darauf: wir trinken unserer Wirthin den Vorrath doch nicht aus! Ha, ha, ha!"

Er lachte kräftig, und alle seine Nachbarn lachten aus Gefälligkeit mit. Der Herr Fischmeister war heute sehr leutselig, und es fand sich für die Fischerwirthe nicht so bald wieder die Gelegenheit, mit ihm freundschaftlich ein Gläschen zu trinken. Julie aber, ein schlankes, gewandtes Mädchen mit frischen Backen und munteren Augen, that gehorsam, wie ihr geboten war, und ließ sich dann auch von der Wirthin nicht abweisen, bei der Bedienung der Gäste zu helfen. Unaufhörlich fragte sie hinaus, was Dieser und Jener wünsche, bepackte selbst die Teller und füllte die Bierkrüge. „Und nun setzen Sie sich selbst endlich einmal, liebe Frau Endromeit", bat sie, „und lassen Sie sich von mir ein Stückchen Fleisch vorlegen. Ich glaube, Sie sind noch ganz nüchtern und doch sicher heute schon früh auf! Ein Gläschen von dem süßen Wein, nicht wahr? Oder lieber Bier, gegen den Durst? Es schäumt prächtig. Befehlen Sie nur."

„Bemühen Sie sich doch nicht, mein Engelchen", widersprach Frau Grita, der es nicht wenig schmeichelte, von dem „Fräulein" so aufmerksam behandelt zu werden. Sie ließ sich denn auch auf einen Stuhl nöthigen und verschiedene Schüsseln zureichen. Julie sollte sich nun wenigstens zu ihr setzen und ebenfalls zugreifen.

Nach dem Essen – die Reste wanderten durch die vorderen Fenster auf die Dorfstraße hinaus, wo die Ortsarmen schon darauf warteten – wurden Tabakspfeifen und Cigarren angesteckt, die Bierkrüge aber wieder gefüllt. An den Aufbruch dachte Niemand so bald. Else unterhielt im Küchenraume ein mächtiges Feuer unter dem Kessel, in dem der Kaffee für die ganze Gesellschaft gekocht wurde. Der Rauch zog sich in die Stube hinein und durch die offenen Fenster wieder hinaus. Wie vorhin die weißen Bierkrüge, so wurden nun die großen Tassen mit Goldrändern und Inschriften von den Nägeln an der Balkendecke abgehoben und bereit gestellt, auch gewaltige Schüsseln mit allerlei Backwerk aufgetragen. Der Kaffee kam in großen Kannen herein und duftete stark nach Cichorien; ohne diesen Zusatz hätte die Brühe nicht genug Farbe und Kraft gehabt. Die Schmauserei begann von Neuem. Hiermit waren aber auch die Gastgeber ihrer Pflichten entledigt. Es kam nun nur noch darauf an, mit dem Vorhandenen reinen Tisch zu machen und die hinten bereits aufgekippte Biertonne zu leeren.

Gelang es auch dem Förster zeitweilig, die Aufmerksamkeit der Umsitzenden auf sich zu lenken, indem er von den überhandnehmenden Wild- und Holzdiebereien erzählte, so führte doch der Kapitän entschieden das große Wort. In dieser Gesellschaft interessierte natürlich am meisten, was sich auf Fischerei bezog. Und nun konnte man einmal gemüthlich über die Dinge plaudern, die sonst nur ihren Ernst hervorkehrten: was es für Ursachen habe, daß der Fischreichthum im Haff abnehme, und ob mit den Schonzeiten zu helfen sei, in denen nun doch die Feinde der jungen Brut unter den Fischen selbst ungestört ihre Raubzüge machen könnten. Wenn man dem Fischer bis in's Kleinste vorschriebe, wie seine Netze und Pricken beschaffen sein müßten, welchen Fisch er fangen dürfe, und welchen nicht, und wenn auf jedes Versehen unnachsichtig die Strafe folge, so mache man ihn unlustig in seinem schweren Gewerbe und zwinge ihn, lieber ganz zu Hause zu bleiben; vorteilhaft sei die Fischerei schon lange nicht mehr.

„Kinder", fuhr Grünbaum dazwischen, „Ihr redet, wie Ihr's versteht. Ging's nach Euch, so müßte ein Gesetz gegeben werden, daß auf dem kurischen Haff Niemand weiter fischen dürfe, als die Fischer von Gilge. Und die von Nemonien und von Inse und von Karkeln denken ebenso, von den Nehrungen nicht zu reden. Nun seid Ihr aber einmal Alle da und müßt Gottes Gabe theilen, die leider nicht so reichlich bemessen ist, daß Jeder nur so alle Tage zugreifen kann. Da muß gesorgt werden, daß Keinem die Nahrung ganz ausgeht und doch auch noch für Eure Kinder und Kindeskinder etwas übrig bleibt. Säße man Euch nicht fortwährend auf dem Nakken, Ihr möchtet gegen einander Krieg führen um die Wassergrenzen, wie's denn auch früher oft genug geschehen ist. Es soll aber nicht heißen: wer die stärkste Faust hat, der hat das beste Recht. Ist nun einmal ein Gesetz gegeben, so muß es auch gehalten werden bis auf den kleinsten Buchstaben. Denn wozu wär's sonst Gesetz? Und gilt's für den Einen, so muß es auch für den Anderen gelten – das ist meine Meinung. Sehe ich heute dem Kunz durch die Finger, so kommt morgen der Peter und verlangt's ebenso. Zuletzt weiß Keiner, woran er ist. Gönnt den Fischen ihren Sonntag, und Euer Schade wird's nicht sein."

Während so das Gespräch munter im Gange blieb und in

23

der Stube um den einen Tisch die Frauen, um den anderen die jungen Mädchen von ihren Angelegenheiten plauderten, gab Endrik Obacht, ob Else seinen Wunsch erfüllen werde. Zu thun hatte sie jetzt nichts mehr, und unter die Gäste schien sie sich nicht wagen zu wollen. Als sie sich eine Weile in der Stube nicht hatte blicken lassen, ging er ihr nach in den Hausflur und bemerkte, daß sich eben die Thür am Ende des Stallganges schloß. Nun glaubte er zu wissen, was er wissen wollte, wartete noch ein paar Minuten und folgte ihr dann nach, so langsam, daß er erst auf dem Kirchhofe mit ihr zusammentraf. Sie traten an das frische Grab, das der Todtengräber mit weißem Sande bestreut hatte. Darauf faßte er ihre Hand und führte sie weiter durch die Reihen der bunten Grabbilder bis zur alten Weide und hinter dieselbe. Der kurze Hauptstamm war dick genug, ihnen eine Art von Versteck zu gewähren. Man hatte von da eine weite Aussicht über die Moorwiesen und das Haff, war aber gegen das Dorf hin gedeckt.

„Else", begann er hier, „ich mag's nicht länger mit mir herumtragen, was sich doch nimmer ändern kann. Du weißt, daß ich Dir gut bin, und ich weiß, daß Du mich lieb hast. Warum sollen wir's für uns behalten und auf etwas warten, das uns zusammenbringt, da uns doch eher Vieles entgegen ist und nur wir selbst uns zu unserem Glücke helfen können? So lange mein Vater lebte, wollte ich keine Aenderung im Hauswesen machen. Nun er die Augen geschlossen hat und ich an seine Stelle treten soll, wird's meine Mutter ganz in der Ordnung finden, daß ich mich nach einer Frau umsehe. Nach der brauche ich aber gar nicht zu suchen; bist Du einverstanden, Else, so feiern wir im Herbst die Hochzeit."

Was er ihr da sagte, schien ihr zu gefallen, denn das ganze Gesicht lachte dazu. Die Augen wagte sie aber doch nicht aufzuschlagen. „Einverstanden wär' ich schon", meinte sie, „aber –"

24

Er horchte gespannt, was sie einzuwenden hätte. Sie schien sich jedoch nicht weiter äußern zu wollen, und so faßte er ihre beiden Hände, drückte sie herzhaft und fragte: „Was hast Du noch für Bedenken, Else? Ich denke, wenn wir einig sind, so ist's abgemacht."

Nun sah sie ihn an, aber nicht mehr lachend, sondern mit einem recht ernsten Gesichte: „Deine Mutter wird's nicht wollen, Endrik."

„Was kann sie an Dir auszusetzen haben?" rief er. „Du hast ihr treu gedient und und wirst ihr auch eine gute Schwiegertochter sein."

„Sie wird aber kein Mädchen zur Schwiegertochter haben wollen, das ihr vorher als Magd gedient hat."

„Eine Magd bist Du eigentlich nie gewesen, Else, und was mein Vater war, das war Dein Vater auch, bevor ihn das Unglück traf."

„Das Unglück hat ihn doch einmal getroffen, und er ist nun ein armer Zeitpächter im Moosbruch, während Dein Vater als ein reicher Holzhändler gestorben ist. Eine Frau, die ihrem Manne nichts mitbringt, mag die Schwiegermutter ungern im Hause leiden."

„Sie wird sich aber fügen, wenn sie Ernst sieht."

„Deine Mutter wird sich nicht fügen, Endrik; sie ist gar zu stolz und hat im Hause immer ihren Willen gehabt. Bedenke, was Du heute selbst gesagt hast: ‚Du bist nicht Dein freier Herr.' Wie sie's für gut findet, so wird sie's einrichten, und wenn Du Dich mit ihr erzürnst, so wirst Du bei der Theilung zu kurz kommen. Soll ich das zu verantworten haben? Weil ich Dir gut bin, Endrik, wie gewiß kein anderer Mensch auf der Welt, so rath' ich Dir: schlag Dir's aus dem Sinn! Es ist nicht nöthig, daß Du gleich jetzt anderswo auf Freischaft gehst; aber nach einigen Jahren wirst Du mich vergessen haben, wenn Du mich nicht täglich siehst, und daß das nicht geschieht, dafür will ich wohl sorgen."

„Ich mag mir's aber nicht aus dem Sinne schlagen!" rief er. „Du hast mich nicht lieb, wenn Du so etwas von mir verlangst! Dich will ich zur Frau und keine Andere. Nicht für meine Mutter heirathe ich, sondern für mich; und wenn sie die Frage so stellt, ob ich lieber Haus und Hof aufgeben will, oder Dich, so weiß ich, was ich zu antworten habe. Ein Bettler werd' ich deshalb noch lange nicht sein, denn mein Erbe muß ich heraus erhalten. Das reicht hin, ein kleines Fischerhaus zu kaufen, und ein großes brauchen wir ja für den Anfang nicht. Will ich aber den Holzhandel treiben, so weiß ich in den Wäldern bis nach Rußland hinein gut Bescheid und habe meine Kundschaft sicher. Kann's also nicht anders sein, ist's das Schlimmste noch nicht. Ich hoffe aber, daß meine Mutter sich dreimal besinnt, ehe sie's so weit treibt."

Er sprach so zuversichtlich, daß auch Elsen der Muth zu wachsen schien. „Was Eine mit zwei kräftigen Armen und gutem Willen ausrichten kann", sagte sie, „daran soll's nicht fehlen. Wenn Du Dir's zutraust – sprich mit Deiner Mutter!"

Endrik umfaßte sie und drückte sie an sich. „Ich traue mir mehr zu, als das!" versicherte er. „Auch wenn meine Mutter halsstarrig ist, will ich nicht von Dir lassen."

„So mein' ich's auch", erwiderte Else und litt, daß er sie küßte. „Denn in's Gerede mag ich nicht kommen. Was wir einander heute versprechen, das muß gelten für Zeit und Ewigkeit."

„Für Zeit und Ewigkeit!" wiederholte er.

Sie gaben einander feierlich die Hand, und damit galt's ihnen für abgemacht, daß sie Brautleute seien. Sie setzten sich in's Gras unter die Weide, hielten sich umarmt und plauderten unter Liebkosungen von allerhand vergangenen und zukünftigen Dingen.

Sie merkten nicht, daß sie belauscht wurden.

Der Fischmeister war, während er sich anscheinend ganz harmlos mit der Wirthin unterhielt, auf den Gedanken gekommen, es könne indessen leicht auf dem Haff etwas Unrechtes vorgehen. „Die Spitzbuben wissen", calculirte er, „daß ich zu einem großen Begräbnisse geladen bin, und rechnen darauf, daß ich mich volltrinke und dann die Nacht lieber in meinem Bette als auf dem Wasser zubringe. Ich wette darauf, sie fischen mit unerlaubten Gezeugen. Das soll ihnen doch versalzen werden!" Obschon etwas schwer von dem genossenen Portwein, Grog und Bier, erhob er sich doch von der Bank und sagte, er wolle sich einmal „ein Bischen die Füße vertreten", komme aber gleich wieder. In Wirklichkeit gedachte er, auf's Haff auszulugen, und dazu konnte ihm, wenn er nicht einen weiten Weg hinaus machen wollte, kein Ort passender erscheinen als der hochgelegene Kirchhof. Dorthin ging er also.

Kurz vor der Weide trat er auf ein Bänkchen, das neben einem Grabe recht auf der Höhe stand, zog sein Taschen-Perspektiv hervor und musterte die ganze breite Wasserfläche im Viertelkreise. In größerer und geringer Entfernung ließen sich Segel bemerken, doch konnte er nicht erkennen, welcher Ortschaft die Fahrzeuge angehörten. Während er noch, ohne das Glas von den Augen abzusetzen, überlegte, ob er's diesmal „riskiren" könne – ihn fing wieder an zu dursten und die Tonne war noch nicht leer gewesen – hörte er nahebei ein Flüstern, wie von Menschenstimmen. Es kam von der Weide her. Leise stieg er von der Bank, schlich sich heran und guckte über den großen Hauptstamm zwischen den sich gabelnden Bäumen auf das Paar hernieder: ah, Endrik und Else!

„Donnerwetter, was treibt der Junge?" Es kratzte ihn in der Kehle. Am liebsten hätte er sich laut geräuspert oder mit einem kräftigen Hoho! die Beiden auseinander getrieben. Rasch genug sah er aber ein, daß es für ihn besser wäre, von der Sache zu wissen, ohne sich zu verraten. Er schlich sich deshalb wieder zurück, verließ den Kirchhof und schlug den Rückweg nach dem Hause ein.

„So steht's also", knurrte er vor sich hin. „Der Endrik hat einen Schatz! Na –, das ist nicht gefährlich. Heirathen wird er die Magd nicht. Die Else ist ein dralles Mädchen und sieht gut aus – kein Wunder, daß sie ihm gefällt. Aber weiter als bis zur Liebelei darf er's nicht treiben – das giebt hinterher Unannehmlichkeiten. Sieh Einer den stillen Endrik! Das sollt' seine Mutter wissen!"

Von den Gästen waren die meisten inzwischen fortgegangen. Grünbaum klopfte Frau Grita auf die Schulter und sagte: „Will doch vor Abend noch einmal sehen, wie's auf dem Haff steht. Kann sein, daß ich einen guten Fang mache."

„Nicht doch, Herr Kapitän", wendete die Wirthin ein. „Heute ist Feiertag – da dürfen Sie an so etwas nicht denken. Mein Portwein ist noch lange nicht ausgetrunken, Herr Kapitän."

Er schüttelte lachend den Kopf: „Der Fischmeister darf keinen Feiertag haben, das liegt in seinem Amt. Gerade dann, wenn man ihn festgeankert glaubt, muß er vorbrechen, wie Zieten aus dem Busch. Ist Alles in Ordnung oben, um so besser! Was den Portwein betrifft – na, ein Gläschen zum Abschied kann nichts schaden. Oder lieber, … wenn's Ihnen gleich ist, packen Sie mir ein halb Fläschchen in den Jäckert, der hinten im Kutter liegt. Es kann sein, daß ich vor morgen früh nicht ans Land zurückkomme, und die Nächte sind noch immer verdammt kalt auf dem Wasser. Der Endrik kann's ja besorgen!"

Nun sah sie sich nach ihrem Sohne um und wunderte sich, daß er sich nirgends blicken ließ. Auch Else war nicht zu finden. „Die haben wohl etwas heimlich miteinander?" fragte Grünbaum, listig mit den grauen Augen zwinkernd.

„I bewahre!" rief Frau Grita, scharf abweisend.

„Wie sollte Endrik auf so etwas kommen?"

„Na – na – na!" plänkelte der Kapitän, „da bin ich doch nicht sicher, so neben einander aufgewachsen – und im richtigen Alter... Sie sollten doch einmal die Augen darauf haben. Wenn's etwas mit meiner Julie werden soll... ha, ha, ha!"

Sie sah ihn überrascht an.

„Ich spaße natürlich nur so", lenkte er nach diesem Fühler ein. „Aber meinetwegen freilich könnt's auch Ernst werden. Der Junge gefällt mir so weit recht gut, und wenn er sich ganz auf den Holzhandel legt – na, es ist Spaß! Ich meine nur so: wenn die Beiden sich grade zu einander fänden, von meiner Seite hätt's am Ende keine Schwierigkeiten, und eine Frau, die einen guten Brief zu schreiben und eine gehörige Rechnung aufzustellen weiß, könnte einem Holzhändler schon passen. Wie der Alte sein Geschäftchen gemacht hat, in der Weise kann's doch auf die Dauer nicht weitergehen. Aber wie gesagt, es ist Spaß! Meine Julie bekommt schon einen Mann. Da ist der Forstgehilfe Görich, der hat längst ein Auge auf sie. Und nach Jahren, wenn er seine feste Anstellung hat, könnt's ja auch eine ganz passable Partie sein. Aber die lange Brautschaft – das ist nichts für mich. Wenn meine Frau noch lebte, dann wär's mir vielleicht egal – ich kann doch dem Mädel nicht aufpassen, daß da nichts Dummes geschieht. Und auch von der anderen Seite, was mich selbst anbetrifft – sehen Sie, wenn die Julie verheirathet ist, kann ich doch nicht allein bleiben und mit irgend einer Magd wirthschaften. Muß ich's aber noch einmal mit dem Ehestand versuchen, dann rasch vorwärts! Ein alter Knabe wie ich hat nicht lange Zeit zum Warten... Was ich eigentlich noch sagen wollte... hm, hm – wegen der Julie. Auf's Haff kann ich sie doch nicht mitnehmen, und ob ich morgen über Gilge zurückgehe, weiß ich auch nicht. Es wäre mir lieb, wenn Sie das Mädchen ein paar

29

Tage hier behalten könnten, bis ich sie holen lasse … das heißt, wenn es Sie nicht beschwert, liebe Madame, wenn es Sie nicht beschwert. Sonst helf' ich mir auf andere Weise."

Frau Endromeit streichelte ihm den Aermel und suchte zu Wort zu kommen. „Aber bester Herr Kapitän, wie können Sie denken … Eine große Ehre wird es mir sein – wahrhaftig, ein so liebes, freundliches Mädchen, und die Tochter vom Herrn Kapitän Grünbaum! Aber nehmen Sie's mit den paar Tagen nicht so genau, Herr Kapitän. Wenn eine Woche daraus wird, das schadet nichts. Das Fräulein kann sich ja einmal in einem Fischerhause umsehen, wie's da zugeht – hi, hi, hi! Alle Tage ist freilich nicht – Begräbniß."

Sie sah sich nach der Thür um und blickte auch durch das Fenster. „Wo nur der Endrik steckt? Endrik – Endrik! … Was Sie da von Endrik sagten, Herr Kapitän, und vom Holzgeschäft und vom – Briefschreiben, das hat Alles seine Richtigkeit. Davon reden wir ein andermal noch weiter, nicht wahr? Ich denke, Sie kommen Ihr Julchen selbst abzuholen. Den Portwein will ich schon ins Boot besorgen, auch ohne den Endrik. Else – Else!"

Sie nahm eine Flasche vom Tisch und eilte in den Flur hinaus, auch durch den Stallgang bis hinter das Haus. Da sah sie nun ihren Sohn und das Mädchen durch den Garten herankommen, winkte ihnen zu, daß sie sich beeilen möchten, und schalt sie dann tüchtig aus. Gegenreden anzuhören, hatte sie jetzt gar keine Zeit. „Wir sprechen morgen weiter darüber", drängte sie; „besorge dem Herrn Kapitän den Portwein in den Kutter, Endrik, und hilf ihm, wenn er Dich sonst braucht. Und Du, Else, räume in der Stube auf und setze in Deine Kammer noch ein Bett – des Herrn Kapitäns Tochter bleibt zum Besuch. Eile Dich!"

Eine halbe Stunde später fuhr der Fischmeister, der nun sein Schild ausgesteckt hatte, mit seinem Bootsmann den Strom hinab, auf's Haff hinaus. Dort war mehr Wind. Vor Sonnenuntergang noch war er auf der Höhe und mitten unter den dort kreuzenden Fischern, denen er in der That sehr unerwartet und unerwünscht kam. Zog er seine rothe Flagge auf, so mußte das Boot, hinter dem er her war, sofort beilegen und ihn herankommen lassen. Er war nach diesem vergnügten Tage so recht in der Stimmung, seine Amtsgewalt fühlbar zu machen, und so confiscirte er denn mit bestem Humor allerhand unvorschriftsmäßige Geräthe und zwang die Leute, ihren Fang über Bord zu werfen. „Heute reitet ihn der Teufel!" meinten die Fischer, denen bei seinen Witzen gar nicht lächerlich zu Muthe war.

Darauf streckte er sich in den Kutter und schlief ein paar Stunden. Das Getränk wirkte nach. Gegen Morgen weckte ihn ein Schüttelfrost. Er suchte sich durch den zum Frühstück aufgesparten Rest des Portweins zu erwärmen, kreuzte noch einmal das Haff, „um den Nehrungern guten Morgen zu sagen", und fuhr dann in den Nemonien-Strom ein und bis zum Hause des Posthalters. Dort restaurirte er sich völlig, brachte seine Notizen in Ordnung und setzte dann die Fahrt auf dem Strome fort, bald die Segel, bald die Ruder gebrauchend.

Gegenüber dem Moosbruch, das sich, nur auf einzelnen vortretenden Kuppen mit niedrigem Birkengestrüpp bewachsen, mit seiner braunen Kruste unabsehbar in die Ferne streckte, schwammen einige flache Kähne im Fluß, die zum Theil auf quer untergelegten Leitern mit einer grünlichen Masse hoch beladen waren. Vorn und hinten in der Spitze standen Männer mit aufgekrämpten Beinkleidern und Weiber mit aufgeschürzten Röcken, sämmtlich lange Harken oder gabelartige Käscher in der Hand und bemüht, die vom Boden des Flusses dicht aufwachsenden Pflanzen mit langen Stengeln und zierlichen Blättchen abzureißen, einzufangen und in die Böte zu werfen. Der Fischmeister wußte, daß er's mit Zeitpächtern vom Moosbruch zu tun hatte, die hier das den Wasserläufen schädlichste Gewächs, die Wasserpest, sammelten, um sie für ihre Kartoffeläcker als Dung zu gebrauchen. Das war ihnen gern gestattet. Sie pflegten bei dieser Arbeit aber gelegentlich auch Fische zu fangen, wozu sie nicht berechtigt waren, und deshalb steuerte nun Grünbaum seinen Kutter scharf auf die Kähne hin, um wenigstens im Vorüberfahren einen Blick hinein zu werfen. „Bist Du's, Jurgeitis?" rief er einem älteren Manne zu, der gleich im ersten Kahne stand und eifrig harkte. Mit der Hand griff er hinüber und hielt den Kutter am Kahne fest. „Es ist mir lieb, daß ich Dich hier treffe: so kann ich Dir gleich sagen, was ich zu sagen habe, und brauche Dich nicht zu mir zu bestellen."

Der Littauer schien über diese Anrede nicht sonderlich erfreut zu sein. Er warf unwillig mit der Harke das aufgefischte Kraut hinter sich auf die Leitern und schob dann erst ein wenig die Mütze aus der Stirn, was einen Gruß bedeuten sollte. Eine Antwort gab er nicht.

„Man hat Dich kürzlich im sechsten Graben gesehen, alter Freund", fuhr Grünbaum fort, „wo Du gar nichts zu suchen hast – gar nichts zu suchen hast – verstehst Du?"

Er wiederholte die Worte nachdrücklich, weil er zu bemerken glaubte, daß Jurgeitis ihm in die Rede fallen wollte. „Das ist nicht wahr, Herr", rief dieser nun ärgerlich, „und wer das erzählt hat, der hat schändlich gelogen, um mich in's Unglück zu bringen."

„Es ist wahr, Jurgeitis", versicherte der Fischmeister; „verlasse Dich auf mein Wort, und der Dich gesehen hat, der hat gesunde Augen gehabt. Er hat auch gesehen, daß Du zwei Wenter ausgelegt hattest und sie aufzogst, und er konnte Dir nur nicht nach, weil er kein Boot zur Hand hatte und Du eine gute Strecke voraus warst. Willst Du das bestreiten?"

„Das bestreite ich, Herr!" rief der Littauer noch energischer. „Ich habe in dieser Jahreszeit genug in meinem Lande zu thun und denke nicht an's Fischen. So viel ich für meinen Tisch brauche, giebt mir allenfalls auch der Schulze Laurus, dem ich bei seiner Fischerei helfe. Ich muß von schlechten Menschen verleumdet sein, Herr Fischmeister, wahrhaftig! Es sind Viele, die mir das Stückchen Land im Moosbruch neiden, so wenig es ist. Neid ist überall bei den armen Leuten. Denn so arm Einer ist, der Andere ist noch ärmer und möchte an dessen Stelle. Auf die Pacht aber lauern immer zehn."

Grünbaum schien nicht sonderlich überzeugt zu sein. „Du weißt wohl, Jurgeitis", sagte er, „daß Deine Pacht nächste Ostern abläuft, und daß es sich Weihnachten entscheidet, ob die Regierung sie Dir weiter auf sechs Jahre läßt. Du weißt auch, hoffe ich, wer zu berichten hat, und daß dabei Alles nach dem Rechten geht. Betreffe ich Dich auf unrechten Wegen, so wundere Dich hinterher nicht, wenn Du oben schlecht angeschrieben bist! Schon mehr als einmal hast Du erfahren, daß ich nicht mit mir spaßen lasse."

Jurgeitis war ganz bleich geworden und zog unwillkürlich die Mütze vom Kopfe. „Sie werden mich doch nicht unglücklich machen, Herr Fischmeister!" murmelte er, ganz traurig. „Um mein Fischerhaus in Gilge und alles Geräth bin ich schon gebracht – soll ich nun ein Bettler werden wegen der schlechten Menschen? Ich will hier gleich auf der Stelle in's Wasser sinken und nie wieder zum Vorschein kommen, wenn ich..."

„Verschwöre Dich nicht", fiel Grünbaum ein. „Wenn Euch Littauer der liebe Gott für jeden falschen Schwur beim Wort nehmen wollte, dann wär's schon längst mit Euch zu Ende. Was ist davon zu reden? Ich habe Dich gewarnt – nun richte Dich danach." Er lehnte sich über den Bord seines Kutters und griff mit der Hand unter das Wasser, bis zum Boden des

Kahnes, in dem Jurgeitis stand. Derselbe folgte ängstlich seiner Bewegung. „Dachte ich's doch!" rief der Fischmeister. „Da läuft unter Deinem Kahne eine Leine und der Ring, an dem sie befestigt ist, wird nicht schwer zu finden sein."

„Was für eine Leine, Herr…"

„Was für eine Leine? Nun thue noch so, als ob Du aus dem Himmel fällst! Was für eine Leine – Kreuzschwerenoth! An so einer Leine pflegt ein Sack befestigt zu sein und im Sack fangen sich Fische, wenn das Glück gut ist. Gieb einmal Acht, ob ich Recht habe!"

Er zog die Leine auf und ließ sie in Windungen von Klafterlänge in den Kutter gleiten. „Die muß mir Einer da angebunden haben", stammelte Jurgeitis kleinlaut. „Wahrhaftig, ich weiß nichts davon! Es ist aus Bosheit geschehen, Herr Fischmeister."

Grünbaum lachte und setzte seine Bemühungen fort. „Na, da ist auch der Sack. Zu streiten ist doch jetzt nicht mehr! Oder doch? Den hat Dir einer aus Bosheit angebunden – natürlich!" Er warf das Netz in den Kutter, zog ein Taschenmesser vor und schnitt die Leine ab.

„Dir gehört der Sack also nicht – gut! Dann mag ihn sich der von mir abholen, dem er gehört. Ich nehme ihn in Verwahrung. Darüber aber, wie er an Deinen Kahn gekommen ist, magst Du Dich vor Gericht verantworten. Vielleicht entdeckst Du den Spitzbuben, der Dir das zum Tort gethan hat."

Dem Littauer zitterten die Kniee. „Ich will freiwillig die Strafe bezahlen", stotterte er, „da mir ja doch nicht geglaubt wird. Aber rechnen Sie mir's nicht auf das Moosbruch-Land an – nur dieses eine Mal nicht! Wenn ich die Pacht verliere, so muß ich betteln gehen. Schenken Sie mir's nur noch dieses eine Mal!"

Grünbaum warf den Kopf zurück. „Es wird Dir auch nichts helfen", antwortete er. „Ihr könnt's nicht lassen. Aber wollen sehen, wollen sehen! Dies kommt noch auf die alte Rechnung." Er machte den Kutter frei. „Ich will Dir doch noch etwas sagen, Jurgeitis, damit Du siehst, daß ich Dein guter Freund bin. Nimm Deine Tochter in Acht!"

„Meine Tochter, Herr –"

„Ja, Deine Tochter. Die Else, die bei Endromeit dient, ist doch Deine Tochter?"

„Das ist wahr, aber –"

„Siehst Du – ich komme eben vom Begräbniß und habe die Augen nicht umsonst im Kopfe. Ich weiß nicht, was Du für Absichten mit dem Mädchen hast; aber was da geschieht, kann Dir schwerlich gefallen. Pass' auf, sag ich Dir!"

Jurgeitis beobachtete ihn mit lauernden Blicken: „Was geschieht da, Herr? Ich will hoffen, nichts Unrechtes."

„Na, was Rechtes kann auch nicht daraus werden! Dem Endrik gefällt das Mädel, und es ist schon weit genug zwischen ihnen gekommen – das kann ich bezeugen."

„Wie weit, Herr?" Die Stimme des Mannes zitterte.

„Wie weit? Der Teufel mag's wissen! Wenn aber der Sohn sich von seines Vaters Begräbniß fortschleicht und die Gäste Gäste sein läßt und mit einem hübschen Mädel irgendwo zusammentrifft – meinetwegen hinter der alten Weide auf dem Kirchhofe – na –"

„Und das ist die Else?"

„Das ist die Else. Ich kenne sie ja doch seit Jahren! Der Endrik wird ihr was in den Kopf setzen, das doch nur unvernünftiges Zeug ist. So ein junges Ding prüft's nicht so genau, und hinterher ist das Unglück da. Denn von Heirathen kann doch die Rede nicht sein – die Alte leidet's nimmermehr. Für eine Liebschaft aber ist die Else zu schade!"

„Die Alte leidet's nimmermehr!" wiederholte Jurgeitis murmelnd. Er ließ wieder die Harke in das Wasser gleiten und riß das Kraut aus der Tiefe; um den Fischmeister kümmerte er sich nicht weiter. Der war auch ganz zufrieden, seinen letzten Trumpf ausgespielt zu haben, und segelte weiter, seinem nicht mehr weit entfernten Hause zu. Es lag dicht am Flusse auf Wiesenboden, der durch einen Erdaufwurf nur wenig erhöht war. Zur Sicherung gegen die Fluthen war es auf Pfähle gestellt. Sie versteckten sich jetzt aber hinter dem dichten Weiden- und Fliedergebüsch, das ringsum gesetzt war und weiterhin auch das Gärtchen einfaßte. –

Dem Littauer schien schwer im Kopfe herumzugehen, was er erfahren hatte. Er unterbrach nach einer Weile seine Arbeit wieder, stützte sich auf die Harke und blickte finster in das Wasser. Der Fischmeister war ihm verhaßt wie kein anderer Mensch. Er sah in ihm einen bösen Geist, der ihn unablässig verfolgte und seine Freude daran hatte, ihn zu Grunde zu richten. An ihm hatte Grünbaum gleich nach seiner Beförderung zum Fischmeister sein Probestück als ein „strammer Beamter" abgelegt.

Es war früher auf dem Haff nicht so strenge gehalten worden; man hatte durch die Finger gesehen, wenn die Fischer die alten unvorschriftsmäßigen Netze, die doch einmal viel Geld gekostet hatten, benutzten. Grünbaum ließ sie's wissen, daß er entschlossen sei, auf die richtige Ordnung zu halten; aber sie glaubten nicht daran. Und nun war Jurgeitis der Erste gewesen, der die Segel streichen mußte, und dem sein ganzes Geräth confiscirt wurde. Er hatte es sich nicht gutwillig nehmen lassen wollen, dem Fischmeister die Netze fortgerissen und im Zorn sogar mit einem Schöpfer gegen ihn geschlagen, so daß er ihn am Kopfe verwundete. Das verwickelte ihn in einen langwierigen Criminal-Prozeß. Ein Jahr Gefängniß wurde ihm auferlegt, und das war noch nicht einmal seine schwerste Strafe! Als er das Jahr verbüßt hatte, fand er seine Wirthschaft in traurigem Zustande. Wegen der Kosten war sein Grundstück mit Beschlag belegt worden, und da er unter solchen Umständen das Geld zur Anschaffung neuer Geräthe nicht aufbringen und ohne Fischereiverdienst den älteren Gläubigern die Zinsen nicht zahlen konnte, kam das Grundstück zur Subhastation, bei der er dann das Letzte verlor. Grünbaum hatte an seinem ganzen Unglück Schuld – darüber kam ihm nicht der mindeste Zweifel! Er betrachtete ihn seitdem als einen Feind, mit dem er fortwährend zu ringen habe. Recht ihm auf den Nacken habe er sich gesetzt, meinte er, und er säße da so fest, daß er sich das ganze Leben lang nicht mehr würde abschütteln lassen.

Mehrere Jahre nach jener unglücklichen Zeit hatte er sich auf förmlichen Kriegsfuß gegen das Gesetz gestellt, als dessen Hüter sich der Fischmeister mit Stolz betrachtete. Seit Menschengedenken waren die Jurgeitis Haff-Fischer gewesen; von frühester Jugend an hatte er selbst nichts Anderes in Gedanken gehabt, als die Fischerei; er verstand nichts Anderes als die Fischerei. Was er nicht mehr offen betreiben durfte, betrieb er fortan heimlich. Er verschaffte sich einen alten Kahn und allerlei unerlaubtes Gezeug, das die in Angst gesetzten Wirthe willig fortgaben, spähte alle verborgensten Schlupfwinkel an den Küsten aus und warf in der Nacht seine Netze aus. Oft steckte er Tage lang im Schilf und Rohr, wenn der Fischmeister Jagd auf ihn machte, oder er ließ, wenn er sich nicht hinauswagen durfte, den Kahn im Versteck, watete durch das flache Wasser an das Land und trieb dort sein Unwesen in den Kanälen und Gräben, bis man ihn aufstöberte und vertrieb. Grünbaum nahm es als eine Ehrensache, „sich von dem frechen Burschen nicht auf der Nase spielen zu lassen", verdoppelte seine Anstrengungen und faßte ihn endlich doch. Nun verlor Jurgeitis sein Handwerkszeug und mußte als Knecht dienen; er war aber zu lange Herr gewesen, um Geschmack daran zu finden. Wo er konnte, machte er auf eigene Hand seinen heimlichen Fang. Das verwickelte die Wirthe, deren Geräth er mißbrauchte, in Unannehmlichkeiten. Grünbaum, der ihn los sein wollte, ruhte nicht, bis sie ihn der Reihe nach entließen. Jurgeitis lebte dann als Losmann, so recht von der Hand in den Mund. Ward irgendwo dem Fischmeister ein Schabernack gespielt, so war er selbstverständlich in dem Verdachte, dabei mitgewirkt zu haben. Endlich müde gehetzt und mürbe gemacht, ging er eines Tages seinen Todfeind mit der Bitte an, ihm dazu zu verhelfen, daß er ein anderes Leben beginnen könne. Wenn er ein Stück Moosbruchland in Zeitpacht erhielte, wolle er sich eine Hütte darauf bauen, seinen Kartoffelacker bestellen und das Fischen im Haff und Fluß ganz aufgeben. Grünbaum sagte sich, daß dies wirklich die beste Art sei, sich wenigstens für einige Zeit Frieden vor dem Manne zu schaffen; er besorgte ihm die Pacht und gab ihm sogar einen Geldvorschuß zur ersten Einrichtung. Da er ihn stets unter Augen hatte – das Moosbruchland lag seiner Wohnung schräg gegenüber – konnte Jurgeitis kaum noch viel Unfug treiben.

Aber die Katze läßt das Mausen nicht. Nun war Jurgeitis wieder beim Fischdiebstahl betroffen worden, und sein Feind hatte eine Drohung ausgestoßen, die sicher ernst gemeint war. Wurde ihm die Pacht gekündigt, so stand er wieder nackt da, jetzt schon ein alter Mann, oft von Gliederreißen geplagt. Es fiel ihm gar nicht ein, sich selbst die Schuld beizumessen; hinter Grünbaum her drohte er zähneknirschend mit der Faust: „Teufel!" Auch was der Kapitän ihm von der Else gesagt hatte, mußte auf eine Teufelei hinauskommen. Wie könnte dieser Mensch ihn in guter Meinung warnen? Vom Gesicht glaubte er ihm die Freude darüber abgelesen zu haben, daß er dem Mädchen etwas nachsagen könne. In allen Krugstuben würde man es nun bald erzählen, daß die Else Jurgeitis eine Liebschaft mit dem reichen Endrik Endromeit habe – Grünbaum würde schon dafür sorgen!

Das Kind war seine ganze Liebe. Als Else noch ein kleines Mädchen war, hatte er selten einen Sonntag vorübergehen lassen, ohne sie zu besuchen und ein Stündchen mit ihr zu spielen. Dann hatte er sie zum Kirchgang abgeholt und wieder zurückgebracht, so lange er noch gute Kleider hatte und sich nicht zu schämen brauchte, neben dem Mädchen herzugehen, das in allem wie eine Wirthstochter aussah. Als er dann ganz heruntergekommen war, mied er das Haus des Endromeit und ließ Else nur gelegentlich grüßen, damit sie ihn nicht vergäße. Er wollte nicht, daß die Nachbarn Vergleiche anstellten und das Mädchen seinetwegen zurücksetzten. Als Zeitpächter fand er sich dann wieder ein und hatte seine Freude daran, zu sehen, wie Else sich hübsch und kräftig auswuchs. Sie zu sich zu nehmen, wäre ihm als eine Sünde erschienen: bei Endromeit war sie besser aufgehoben und hatte nicht so schwere Arbeit. Vielleicht vermachte er ihr auch etwas in seinem Testament oder stattete sie gut aus, wenn sich einer zu ihr fand, der für sie paßte, einer von den kleinen Wirthen etwa, die eine tüchtige Frau brauchten und nicht allzu wählerisch sein durften. Und nun sollte sie es heimlich mit dem Endrik treiben, der doch nur ihr Unglück sein konnte? Das Blut schoß ihm in das Gesicht. „Zu dem, was der von ihr will, ist sie doch zu gut! Dem Teufel könnt's recht sein – aber sie soll nicht, sie soll nicht!"

Sie soll nicht! Das sagte er sich bei der Arbeit immer wieder vor, und als er am Abend seinen Kahn mit dem Kraute an das Land gebracht hatte, begann er die Ladung sogleich auszukarren und machte der alten Frau, die seine ärmliche Wirthschaft führte, bemerklich, daß er andern Tages in der Frühe nach Gilge wolle und vielleicht nicht allein zurückkehren werde. Wo freilich ein Gast in der Hütte untergebracht werden sollte, war schwer zu entdecken; der Raum unter dem Strohdache schien Stube, Küche, Vorrathskammer und Stall zugleich zu sein. In einem Verschlage, der wohl von außen zu öffnen sein mochte, grunzte ein Schwein, und auf dem Sparrenbalken saßen die Hühner, die schon zur Nachtruhe aufgeflogen waren.

Am andern Tage zog Jurgeitis seine besten Kleider an und machte sich auf die Reise. Da das Wetter still war, fuhr er den Nemonien-Strom hinab, über Haff am Ufer entlang und in den nahen Gilge-Strom ein. Bis zum Hause des Endromeit hatte er es dann nicht mehr weit.

Dort war alles bei der Arbeit, nach dem vorgestrigen Feste die alte Ordnung wieder herzustellen. Zwar war die Stube schon gescheuert und trocken, standen Tische und Bänke mit ihren weißen Platten draußen an der Sonne, aber die vielen gebrauchten Krüge, Gläser und Tassen waren noch nicht an ihrem Platze oben an den Balken; die Teller standen noch nicht im Schragen, und das Zinnzeug war theilweise noch zu putzen. Damit beschäftigte sich Julie in der Stube. Im Feuerraume draußen stand Else bei der Wäsche, die Tafellaken und Tischdecken zu reinigen. Die Wittwe ging ab und zu, griff auch wohl selbst thätig ein.

Jurgeitis sah von der Straße her in das offene Fenster der Stube. Es wunderte ihn nicht wenig, dort des Fischmeisters Tochter anzutreffen, das „Fräulein", wie sie allgemein bei den geringen Leuten hieß.

„Ist das nicht der Jurgeitis aus Karolinenbruch?" fragte Julie hinaus. „Was willst Du, Alter?"

„Meine Tochter, die Else, sprechen", antwortete er, „wenn es so sein kann."

„Du kommst zu unrechter Zeit", sagte Frau Grita Endromeit, die eben eintrat. „Wir haben nach dem Begräbniß alle Hände voll zu thun, wie Du wohl denken kannst."

„Es soll auch bald abgemacht sein", entgegnete er. „Ich

muß mit der Else sprechen wegen einer wichtigen und dringlichen Sache und vielleicht hinterher auch mit Dir."

„Warte in der Halle", sagte die Frau; „ich will Dir Else schicken, sobald sie von der Wäsche abkommen kann." Sie ging zugleich nach dem Wandschranke, schnitt von dem übriggebliebenen Weißbrode, strich Butter darauf, fügte eine Flasche Bier dazu und reichte ihm das Frühstück hinaus. Er nahm es dankend an, lehnte sich an einen der geschnitzten Pfosten und schien nun gute Weile zu haben; wenigstens zeigte er sich nicht wieder am Fenster.

Es verging fast eine Stunde, bis Else aus dem Hause kam. Sie trug ein weißes Brett auf dem Arme, worauf ihre Wäsche lag. Sie hatte gleich erfahren, daß ihr Vater gekommen sei, deshalb aber die Arbeit nicht unterbrochen. Die Frau sollte ihr nicht nachsagen, daß sie etwas versäume.

„Guten Tag, Vater", grüßte sie freundlich. „Wie kommst Du hierher?"

„Es hat seinen guten Grund", antwortete er nickend, „und Du sollst ihn erfahren, wenn wir eine Weile allein sein können."

„Ist etwas zu Hause geschehen?" fragte sie und reichte ihm die Hand.

„Zu Hause nicht", meinte er, „aber hier vielleicht. Der Herr Fischmeister war ja wohl zum Begräbniß bei Euch?"

„Ja, Vater."

„Und das Fräulein hat er hier gelassen – das ist früher nicht geschehen."

„Nein, so viel ich weiß."

„Und warum jetzt?"

Else hob das Kinn. „Er bildet sich vielleicht etwas ein", sagte sie leise und blickte zugleich seitwärts nach dem Fenster.

„Es kann sich auch ein Anderer was einbilden", erwiderte er, sie scharf in's Auge fassend. „Das wird sich bald zeigen."

41

Sie zog die Unterlippe zwischen die Zähne und drückte mit der Hand die Wäsche fester auf's Brett. Nach einer Weile sagte sie: „Ich will an den Fluß hinab, die Wäsche zu schälen. Kommst Du mit, Vater? So versäume ich nichts in der Arbeit."

Sie gingen nach dem Hafen auf der andern Seite der Straße. Else stieg in ein flaches Boot, knieete auf dem Boden desselben nieder und begann sofort über den Bord hin die Laken und Tücher durch das Wasser zu ziehen und auszuwinden. Jurgeitis setzte sich in seinen eigenen Kahn, den er herangeschoben hatte. „Der Fischmeister hat mir etwas erzählt", begann er, „und deshalb komm' ich her. Er ist ein Teufel!"

Sie schien nicht sonderlich aufzumerken. „Was hat er Dir erzählt?" fragte sie gleichgiltig.

„Etwas von Dir und Endrik, Else."

Nun hob sie rasch den Kopf und sah ihn überrascht an. Gleich aber bückte sie sich wieder über den Bord, noch tiefer als vorhin, und schwenkte das Linnen geräuschvoll durch's Wasser. „Was hat er Dir von mir und Endrik erzählt?" fragte sie mit nicht ganz sicherer Stimme.

„Daß Ihr miteinander etwas habt, wovon die Leute nichts wissen sollen. Er hat Euch unter der Weide auf dem Kirchhof getroffen. Da wollte ich nur fragen, ob's wahr ist, oder ob der Teufel mit Lügen umgeht."

Sie richtete sich auf, zog die Wäsche über den Bord und schüttelte das Wasser von den Händen ab. „Diesmal lügt er nicht", sagte sie in aller Offenheit. „Endrik und ich – wir sind einig miteinander, seit vorgestern. Unter der Weide auf dem Kirchhof nach seines Vaters Begräbniß hat er mir's gesagt."

Jurgeitis hatte den Schöpfer aus seinem Kahn in die Hand genommen und verlegen betrachtet. Nun hob er damit Wasser aus dem Fluß. „Das ist gerade so viel werth", sagte er ärgerlich und ließ das Wasser wieder ablaufen. „Du bist nicht bei gesundem Verstande, wenn Du ihm glaubst."

„Er meint's ehrlich, Vater, und ich bin ihm gut."

„Er meint's ehrlich – ja, kann sein! Alle Rippen im Leibe wollte ich ihm zerbrechen, wenn er's nicht ehrlich meinte. Aber was hilft da seine Ehrlichkeit? Zumal wenn anderer Leute Teufelei dazwischen ist! Wenn seine Mutter nun Nein sagt, was dann?"

„Er will's gegen sie durchsetzen."

„Er? Dazu ist er zu weich – die Alte hat keinen Respect vor ihm! Und es steckt auch der Fischmeister dahinter. Ich merke so was; er will's nicht, und so geschieht's nicht."

„Du meinst, weil er seine Tochter hier gelassen hat, Vater? Es kann wohl sein, daß er etwas mit ihr im Sinne hat – die Wirthin hat gestern und heute so wunderliche Reden geführt. Dem Fräulein aber – wir haben zwei Nächte in einer Kammer zusammen geschlafen, und sie hat eine leichte Zunge, die kein Geheimniß festhalten kann – dem Fräulein ist's gar nicht um den Endrik, sondern um einen hübschen Jäger, mit dem sie schon einig ist. Ihr Vater will's nicht zugeben, da der Jäger vorläufig nichts hat, als sein hübsches Gesicht und seine Flinte. Nun thut sie so, als ob sie in Allem gehorsam sein will; aber was heimlich geschieht, das soll ihn nichts angehen. Die ist verschlagen!"

Der Alte hörte aufmerksam zu, wie Jemand, der etwas erfährt, was seinen Gedanken ganz neu ist. Dann schüttelte er den Kopf. „Soll's da hinaus? Der Endrik und das Fräulein... Ich glaub's nicht. Wer den Kapitän kennt! Aber mir gönnt er's nicht, daß meine Tochter ein solches Glück macht! Er leidet nicht, daß ich mich wieder aufrichte – ganz nieder will er mich haben unter seinen Füßen, der Teufel. Er soll's nicht zwingen! Ist er hinter Eure Heimlichkeit gekommen, so wird ihm das wenig nützen. Denn ich sag Dir's mit einem Wort, Else: so geht's keinen Tag weiter; hier im Hause darfst Du nicht bleiben. Es wird nichts Gutes daraus! Will der Endrik

Dich heirathen, so mag er's mit seiner Mutter abmachen. Hat er aber nicht den Muth, mit ihr davon zu reden, so weißt Du auch, woran Du in Zukunft bist. Auf jeden Fall kommst Du jetzt mit mir. Denn es soll nicht heißen, daß sie Dich mit Schande fortgejagt haben."

In Else's Gesicht flammte die helle Röthe auf. „Vater", rief sie, „dazu soll kein Grund sein! Erkennt die Wirthin mich nicht als ihres Sohnes Braut an, so gehe ich lieber heute als morgen. Dem Endrik bin ich von Herzen gut, und meinetwegen braucht er auch kein großer Fischerwirth und Holzhändler zu sein – ich nehme ihn doch! Aber zu etwas Schlechtem soll er mich nicht bestimmen, und mit seiner Mutter will ich ihn nicht entzweien." Dann setzte sie wieder ihre Arbeit fort und sagte nach einer Weile ruhiger: „Du kannst der Wirthin sagen, daß Du mich jetzt in der Wirthschaft nothwendig brauchst. Halten kann sie mich nicht, da ich ihr nicht förmlich als Magd verdungen bin. Ich will dann sehen, wie ich hier so bald als möglich entbehrt werde. Drängen möcht' ich den Endrik nicht; was er thut, muß er in der Sache ganz aus freiem Willen thun. Er hat einen langsamen Kopf und braucht Zeit, sich's zurechtzulegen, was er seiner Mutter zu sagen hat; ist er nicht mit sich fertig, so überschreit sie ihn leicht. Willst Du ihm aber sagen, daß ich zu Dir fordest, so ist mir's recht; er wird mich dann nicht bitten, zu bleiben, und ich hab's ihm nicht zu erklären, weshalb ich gehe. Dort kommt er."

Sie wies mit der Hand an der Holzreihe entlang auf den Fluß. Von dort her näherte sich ein Boot und ihr scharfes Auge hatte den Führer desselben sofort erkannt. Nun spülte sie eifriger ihre Wäsche und hatte sie schon wieder auf dem Brette, als Endrik in den kleinen Hafen einfuhr. Sie nickte ihm zu und zeigte auf ihren Vater, hielt sich aber nicht weiter auf.

Endrik war drüben im Adromeit'schen Kruge gewesen. Zwei Herren aus Königsberg, die Holz kaufen wollten, hatten ihn hinüber bitten lassen. In der kleinen Herrenstube, hinter dem Gewürzkram – es stand für solche Gäste ein Sopha darin, und die Wände waren mit Bildern behängt – war lange bei einer Flasche Wein verhandelt worden. Die Herren hatten gemeint, mit dem jungen Menschen leicht umspringen zu können, bald aber erkennen müssen, daß er seines Vaters Zähigkeit geerbt habe. Den Wein, der doch für ihn bestellt war, hatten sie zum größten Theile selbst austrinken müssen. Schließlich hatte er vorsichtig seiner Mutter die endgiltige Entscheidung vorbehalten und kam nun, dieselbe einzuholen.

Ueber das, was er von Jurgeitis hörte, war er nicht wenig verwundert. Er merkte gleich, daß da noch etwas dahinter sei, und brachte es auch bald heraus. „Ich hab's nicht übereilen wollen", sagte er, „aber wenn die Sache so steht, soll's bald im Reinen sein. Die Else lasse ich nicht fort. Sie ist meines Vaters Pflegekind gewesen, und so schickt sich's, daß ich hier im Hause um sie werbe, nicht in Deiner Hütte auf dem Moosbruch. Gedulde Dich bis zum Abend. Muß dann die Else fort, so kann's wohl geschehen, daß meines Bleibens hier auch nicht länger ist. Ich bin mündig."

Dagegen wußte Jurgeitis nichts einzuwenden. Er sagte nur: „Bis zum Abend kann ich noch warten. Thu', was Du willst, aber sorge dafür, daß an dem Mädchen nichts hängen bleibt. Ich will den Leuten im Dorfe erzählen, daß ich gekommen bin, Else nach dem Moosbruch abzuholen. Geschieht's dann, so verwundert's Keinen nach dem Tode des Endromeit. Behält Deine Mutter sie aber als ihres Sohnes künftige Frau, so steht das auf einem anderen Brette." Damit stieß er seinen Kahn ab, schob ihn zum Hafen hinaus und verschwand hinter der Holzreihe.

Endrik schlug nun doch das Herz recht unruhig. Er hatte gemeint, es nicht so eilig zu haben und abwarten zu können, bis das Begräbniß vergessen und Julie vom Kapitän wieder abgeholt sei. Wenn er mit seiner Mutter sprechen wollte, war ihm das fremde Mädchen sehr im Wege. Daß es dabei still und friedlich hergehen werde, glaubte er selbst nicht. Und wie sollte er's anstellen, auch nur eine Stunde die Mutter allein zu haben?

Endlich fiel ihm ein, daß ihm das Holzgeschäft einen Vorwand bieten könne. Er berichtete darüber und meinte, es wäre doch gut, wenn Frau Grita sich selbst überzeuge, daß nicht bessere Bedingungen zu erhalten gewesen wären. Der Wittwe schmeichelte es, daß ihre Mitwirkung verlangt wurde; bei Lebzeiten ihres Mannes hatte sie in diesen Angelegenheiten nie mitzusprechen gehabt. „Die Herren hätten auch hierher kommen können", äußerte sie zwar, lehnte aber doch nicht geradezu ab. Dann hieß es, jetzt vor dem Mittagsessen könne sie nicht fort, später aber wolle sie mitgehen und auch im Kramladen Einkäufe machen. Das Mittagsessen wurde nun beeilt. Endrik saß so still am Tische, wie Else. Fräulein Julie führte die Unterhaltung fast allein. Sie hatte für Frau Grita ein Gericht nach deutscher Weise gekocht und nahm wohlgefällig ihre Lobsprüche entgegen.

Während der Ueberfahrt hielt Endrik sich schweigsam; seine Mutter aber plauderte von Julie, wie hübsch und gewandt und aufmerksam sie sei. Eine solche Tochter möchte sie wohl haben, und wer sie zur Frau bekomme, der könne sich Glück wünschen. Endrik meinte nur, so viel er wisse, gefalle sie Einem schon genug – das sei der Jäger Görich. Dazu lachte Frau Grita und schnippte mit den Fingern. „Der arme Schlucker; der Kapitän wird sich bedanken. Nein, da muß ein Anderer kommen." Endrik ließ es dahingestellt sein, wen sie etwa meinte; er hatte den Kopf voll von seinen eigenen Angelegenheiten.

Das Geschäft hielt sie im Kruge nicht lange auf. Bei der Rückkehr, als sie noch nicht auf die Mitte des Stromes gelangt waren, zog Endrik das Ruder ein und setzte sich auf den Bord des Kahns, ganz in die Nähe seiner Mutter. „Bist Du müde?“ fragte sie verwundert. „Wir werden weit abtreiben.“

„Das will ich eben“, entgegnete er. „Ich habe etwas mit Dir zu besprechen, Mutter, und es muß heimlich geschehen. Im Hause sind wir jetzt nicht allein.“

„Ja, das Fräulein...“ Sie schien sich nicht sogleich in die Sache finden zu können, widersprach aber doch nicht.

Was sie nun zuerst hörte, gefiel ihr auch sehr wohl. Er ließ sich des Breiteren darüber aus, daß er zwar noch jung, aber doch bereits in den Jahren sei, an einen eigenen Hausstand denken zu können. Vor Kurzem freilich habe er gemeint, dazu sei noch Zeit. Nun aber, nach des Vaters Tode, hätte sich doch Vieles geändert. Und wenn er der Wirth werden solle, müsse er eine Frau haben, die zu Hause seine Wirthschaft führe. Die Mutter nickte gar nicht unfreundlich dazu, und das machte ihm Muth; denn er hatte gefürchtet, sie würde Einwendungen wegen Abtretung des Grundstückes erheben. So war der Kahn hinausgetrieben bis hinter die Mühle und in den jungen Aufschuß der Binsenkampen hinein, wo er nun fest lag. Hier schöpfte Endrik ein wenig Athem, um zur Hauptsache zu kommen.

Sie aber nahm nun gleich das Wort. „Das ist Alles ganz vernünftig gesprochen“, sagte sie, „und ich habe mir's auch schon überlegt gehabt. Denn wenn ich auch noch rüstig bin und nicht gerade nöthig habe, mich zur Ruhe zu setzen, so ist mir das stille Leben doch zu gönnen, und da Du der einzige Sohn bist, kann ja auch bei der Theilung kein Streit entstehen, wer das Haus übernimmt und mir den Altentheil reicht. Du hast aber zu bedenken, daß Dein Vater ein Holzhändler war, und daß der Holzhandel, nicht die Fischerei, uns zu Wohlstand gebracht hat. Der Holzhandel muß auch Dein Hauptgeschäft werden; denn was Du Deinen Geschwistern heraus zu zahlen hast, kannst Du da leicht in wenigen Jahren einbringen. Damit man Dich aber als einen Kaufmann anerkennt und nicht wie einen Fischerwirth behandelt, der so nebenher Holz kauft und verkauft, ist es am besten, daß Du Dein Hauswesen ganz auf deutsche Art einrichtest. Dazu gehört eine deutsche Frau, und ich kann wohl sagen, wenn Du eine deutsche Frau hast, so findet sich alles Andere von selbst. Nun trifft es sich auch glücklich genug, daß sich uns eine gute Partie bietet. Bringt das Mädchen auch kein Geld ein, so ist der Vater doch ein vielvermögender Mann und in der ganzen Gegend angesehen. Er hat mir's zu verstehen gegeben, daß er nicht stolz ist, seine Tochter an einen Littauer zu verheirathen, der sich zu den Herren stellen darf, und das Mädchen ist hübsch und gutartig, so daß sie Dir wohlgefallen kann, und wir einander im Hause nicht den Weg vertreten werden. Fasse Dir also nur Muth und leg's darauf an, daß sie die Augen auf Dich richtet – dann soll sie ihre alte Liebschaft bald vergessen haben. Der Vater wird Dir nicht hinderlich sein."

„Von wem sprichst Du, Mutter?" rief Endrik in höchstem Schreck, schon der Antwort gewiß.

Sein Gesicht mit den weit aufgerissenen Augen mußte ihr wohl selbst schreckhaft erschienen sein; denn sie wendete sich ab, schlug mit der Hand in die Luft und sagte: „Schrei mich doch nicht so an, als ob ich 'was Unrechtes gesagt hätte! Natürlich spreche ich von dem Fräulein."

„Des Fischmeisters Tochter?"

„Ja doch! Ich denke mir, er hat sie deshalb bei uns zurückgelassen."

Endrik sprang auf, daß der Kahn heftig schwankte, stieß

mit dem Ruder, das er in der Hand behalten hatte, auf den Boden und rief: „Mutter, das wird nimmermehr geschehen – nimmermehr!"

Die Frau zuckte die Achseln und lächelte. „Habe Dich nur nicht so! Ich sage Dir, der Herr Kapitän wird Euch nicht zuwider sein."

„Aber ich will's nicht, Mutter – nimmermehr!"

„Du?" Sie wandte ihm wieder das Gesicht zu und prüfte ihn mit einem Blicke, der etwa sagen wollte: Du wirst doch kein Narr sein?

„Ich, Mutter!" bestätigte er eifrig. „Das Fräulein ist keine Frau für mich. Und wenn auch, es könnte doch nicht sein. Denn daß Du's mit einem Worte weißt: ich habe der Else versprochen, daß ich sie heirathen werde."

Nun war die Reihe des Erstaunens an ihr. „Der Else!" rief sie auffahrend. „Der Else Jurgeitis? Du hast der Else..."

Er nahm ihre Hände und hielt sie fest, wie sie auch immer zorniger daran zog, und sagte ihr, daß ihm das Mädchen schon seit Jahren lieb sei, und daß er sich eine bessere und tüchtigere Frau gar nicht gewinnen könne. Sie aber wurde feuerroth im Gesicht, hob und senkte die Arme, wie ein Vogel, der mit den gebundenen Flügeln schlägt, und rief: „Kein Wort redest Du mir von der Else, von der Bettlerin, von der Scheinheiligen, kein Wort, sage ich Dir! Das hat man für seine Gutthat, daß man sich fremder Kinder Nacktheit erbarmt – das ist der Lohn dafür! Deshalb ist der alte Jurgeitis wohl auch hier, daß er gleich bei der Verlobung dabei sein kann? Sein eigen Hab und Gut hat er verbracht – nun kommt an uns die Reihe! Aber ich will ihm heimleuchten auf den Moosbruch, und er soll das Wiederkommen vergessen!"

Endrik erklärte, weshalb Jurgeitis gekommen sei, so ruhig er's in seiner aufgeregten Stimmung vermochte.

„Also so viel Vernunft hat er doch noch?" fiel sie ein. „Gut, er kann die Else mitnehmen, das undankbare Geschöpf, gleich heute, wenn er will. Keine Nacht weiter schläft sie unter meinem Dache! Das hat nicht mit rechten Dingen zugehen können; behext hat sie Dich; blind und toll gemacht. Bah – ich will ihr den Kopf zurechtsetzen!"

Seine eifrige Vertheidigung machte sie nur um so hitziger. Der Streit zwischen Mutter und Sohn wurde immer heftiger und lauter. Er sagte ihr, daß er von Else nicht lassen werde, komme es, wie es wolle. Und sie antwortete: in das Haus solle die Else als ihres Sohnes Frau nicht, so lange sie lebe. Jetzt scheine sie ihm noch etwas, da sie wie ein Kind vom Hause gehalten worden; vom Moosbruch werde er sie sich schwerlich holen wollen.

Als Endrik sah, daß er so bei seiner Mutter nichts ausrichtete, und nur immer sein erstes Wort wiederholen konnte, schob er den Kahn aus den Binsen und ruderte mit kräftigen Schlägen in den Strom zurück. Sie verlangte, an dem Sandhaken abgesetzt zu werden, und er mußte ihr willfahren. Nun sah er sie mit eiligen Schritten die Dorfstraße entlang laufen, ihm zuvor zu kommen. Als er im Hafen anlangte, hörte er sie im Hause lärmen. In der Halle kam ihm Julie entgegen, ganz verschüchtert.

„Ich mag nicht in der Stube bleiben", sagte sie. „Ihre Mutter ist so aufgebracht gegen die arme Else – sie hat sie gar in der ersten Wuth geschlagen."

Endrik biß die Zähne zusammen: „Geschlagen…"

„Und das Ihretwegen! Warum haben Sie's aber auch nicht noch eine Weile still gehalten?"

„Geschlagen?"

„Ich wollte die Frau beschwichtigen, aber sie hörte nicht auf mich."

Endrik maß sie mit einem herausfordernden Blicke. „Ihnen zu Ehren thut sie das ja", sagte er, „und sie rechnet auf Ihren Dank."

Sie sah verlegen zur Erde. „Mir zu Ehren? Wie soll ich das verstehen?"

„Aber das sage ich Ihnen", fuhr er fort, „zwischen mich und die Else soll Niemand kommen, und wenn der Herr Kapitän sich einbildet, daß er uns auseinander bringen kann, so thut mir seine Tochter leid. Ich hoffe, das Fräulein spielt da nicht mit!"

„Wie können Sie denken, Endrik..."

„Gut! Ich wollt's nur gesagt haben auf alle Fälle. Und nun vertreten Sie mir nicht weiter den Weg, Fräulein."

„Gehen Sie nicht hinein, Endrik, jetzt nicht! Sie machen das Uebel noch ärger."

„Soll ich meine Braut schlagen lassen?" rief er so laut, daß man's innen hören mußte. Er schob das Mädchen zur Seite und trat in's Haus ein.

Else stand in der Kammer und packte ihre Sachen in ein Bündel zusammen. Die Thür war offen. Auf der Flur ging Frau Endromeit hin und her und zankte unaufhörlich, obgleich ihr gar nicht geantwortet wurde. Als sie Endrik nach der Kammer hinübergehen sah, schlug ihr Zorn wieder in hellen Flammen auf.

„Schweig', Mutter!" herrschte er sie an. „Du kannst Else das Haus verbieten, aber Du hast kein Recht, sie zu beschimpfen. Ist es wahr, daß Du die Else geschlagen hast?"

Seine Stimme bebte und seine Augen rollten so zornig, daß sie doch nicht wagte, ihre Litanei fortzusetzen.

„Was ich gethan habe, das habe ich gethan", sagte sie nur, „und darüber soll mich Niemand zur Rede stellen, am wenigsten mein eigener Sohn."

Endrik trat in die Thür. „Trag's in Geduld, Else", bat er, „sie wird's bereuen, Dich so weggeschickt zu haben."

Dem Mädchen perlten die Thränen über die Wangen. „Ich wär' auch von selbst gegangen", sagte sie. Mein Vater ist ja gekommen, mich abzuholen – das wird die Frau doch glauben müssen! Du hättest mich gehen lassen sollen, Endrik; ich hab' Dir Alles voraus gesagt."

„Und ich halte Dir Wort", rief er. „Was ich gesagt habe, dabei bleibt's."

„Es wird sich ja finden", meinte seine Mutter. „Womit will so einer Wort halten, der nichts ist und nichts hat?"

Er wollte heftig antworten, aber Else legte ihre Hand auf seinen Mund. „Sie ist Deine Mutter", mahnte sie. „Ich will ihr's auch nicht verdenken, daß sie gegen mich so hart ist. Es geschieht doch nur, weil sie glaubt, daß ich an Deinem Unglücke schuld bin, wenn du Dich nicht nach ihrem Willen bekehrst. Sprich ihr jetzt nicht entgegen, Endrik. Mit Worten ist ja auch nichts zu erzwingen! Daß ich Dir treu bleibe, weißt Du! Wenn Du Dir's aber anders überlegst –"

„Nein, Else, nein!" versicherte er und wollte sie umfassen.

Sie aber trat zurück, nahm ihr Bündel auf und reichte ihm die Hand. „Leb wohl", sagte sie, „ich finde meinen Vater im Dorfe. Hier bleib' ich keine Minute länger, als ich muß – das wirst Du selbst nicht wollen."

Sie machte sich rasch los und ging an ihm vorüber zu der Wittwe hin, auch ihr die Hand bietend. „Ich kann nichts dafür", sagte sie, „daß der Endrik mir gut geworden ist. Kann er sein Herz wieder frei machen, so will ich ihn nicht halten. Bleibt er aber dabei, so kann ich ihn doch nicht hindern – das wirst Du einsehen."

Die Frau nagte im Aerger an ihrer Lippe und kehrte sich ab. Else wartete eine Weile, daß sie sich besinnen sollte; dann ging sie langsam weiter. Nun wurde sie aber zurückgerufen.

„Else", sagte die Wittwe mit merklicher Ueberwindung, „es thut mir leid, daß wir so von einander kommen: ich hatte Dir etwas Besseres zugedacht."

„Mir thut's auch leid", erwiderte das Mädchen. „Ich habe

52

bisher alle Zeit in diesem Hause viel Gutes erfahren und will das auch nicht vergessen."

„Wenn Du vernünftig sein wolltest, Else!"

„In welcher Art, Frau?"

„Es kommt ja doch nichts dabei heraus, Kind, wenn der Junge auch jetzt den Mund voll nimmt und trotzig auftrumpft. Haus und Hof wird er doch nicht daran setzen wollen!"

„Wer weiß?" rief Endrik hinein.

Seine Mutter zuckte nur die Achseln, gab ihm aber keine Antwort.

„Wenn Du vernünftig bist", fuhr sie zu Else fort, „so schlägst Du Dir's aus dem Sinn und sagst ihm, daß Du Dir Dein junges Leben von ihm nicht willst verkümmern lassen. Ein so tüchtiges Mädchen findet überall einen Mann, wenn ein paar hundert Thaler in die Wirthschaft mitkommen. Na, und ein paar hundert Thaler sollen mir nicht zu viel sein, wenn ich dafür Ruhe und Frieden habe. Verstehst Du?"

Sie griff in die Tasche, als ob sie das Geld schon bei sich hätte. Else aber wurde im ganzen Gesichte roth und maß sie mit einem stolzen Blicke von oben bis unten. „Behalte nur Dein Geld", sagte sie, „abkaufen lasse ich mir mein Herz nicht! Will der Endrik sein Wort zurück haben – das hat er umsonst."

Damit entfernte sie sich eilig, ohne auch nur einmal zurückzusehen.

Eine halbe Stunde darauf saß sie in ihres Vaters Kahn und hatte ihr Bündel vor sich liegen. Jurgeitis fuhr auf der anderen Seite des Stromes vorüber, und Else hatte das Gesicht abgekehrt. Erst als das Haus weit hinter ihnen war, blickte sie noch einmal um. Da stand Jemand an der Ecke der Holzreihen und schwenkte die Mütze – den erkannte sie doch. Ihn aber blendete die Sonne, und er konnte nicht bemerken, ob sie ihm zunickte. Sie that's aber gewiß.

Die Hütte auf dem Moosbruche gewann innen bald ein anderes Aussehen. Else mochte es nicht leiden, daß die Geräthschaften in allen Ecken herumstanden, wie sie gerade Jeder aus der Hand setzte. Die Kartoffel-Kisten brachte sie hinaus und stapelte sie unter dem Dachvorsprunge auf. So gewann sie Raum. Dann schlug sie aus Brettern für sich eine Kammer ab, hing ihre Sachen an Holzpflöcken auf und deckte eine Matte darüber zum Schutze gegen den Rauch. Die Hühner trieb sie hinaus, und den Schweinestall verschloß sie besser. Von den Wänden wurde der Staub und Ruß abgefegt, und den Lehmboden bestreute sie mit Sand; die kleinen, grünglasigen Fensterscheiben reinigte sie mit Wasser, so daß nun die Sonne recht hell hindurchscheinen konnte, was ihr lange nicht mehr hatte glücken wollen. Der Kessel war immer blank geputzt, und das Irdenzeug stand nun sauber auf einem Wandbrett, seitwärts von der Herdstelle.

Jurgeitis hatte seine stille Freude an dem Schaffen des Mädchens. Wo er konnte, war er zur Hand mit Nägeln und Hammer. Er bemerkte nun auch, daß das Dach schadhaft geworden war, und flickte es mit Stroh aus. Sogar ein Paar Pferdeköpfe schnitt er roh mit der Säge aus einem alten Brette und kreuzte sie am Giebel, der bisher diesen Schmuck entbehrt hatte. Wenn's auf seinem Lande nichts zu thun gab, ging er fleißig zu den Fischerwirthen in Arbeit, und vom Verdienste kaufte er dies und das, was noch in der Wirthschaft fehlte: bei einer Auction in Sophienbruch ein paar Stühle und rothstreifige Bettgardinen, die Else nun, so gut es ging, über ihrem Lager anbringen mußte. Mitunter blieb er auch in der Nacht fort und brachte dann gewöhnlich früh am Morgen ein schönes Gericht Fische mit. Woher er sie habe, wollte er nicht sagen. Er meinte nur, der liebe Gott lasse sie wachsen, und der Herr Fischmeister könne doch nicht überall sein. Einmal aber war ihm sein Kahn gepfändet, und er mußte beim Nachbar borgen, um ihn auszulösen. „Wenn's nur damit abgethan wäre!" knurrte er ärgerlich.

Auch auf dem Moosbruchlande schaffte Else ihr redlich Theil, so ungewohnt ihr diese schwere Arbeit auch war. Da ließ sich die Erde nicht ausheben, wie im Endromeit'schen Garten; der scharfe Spaten mußte bei jedem Stich Hunderte von weichen und zähen Wurzelfäserchen durchschneiden, aus denen eigentlich das ganze Erdreich bestand. Trat man auf, so drückte der Spaten wie in ein Polster ein; bei zu tiefem Graben quoll das Wasser hervor und setzte um ihn eine klebrige Masse fest. Else hatte bald Blasen und dicke Schwielen an den Händen, durfte sie aber nicht schonen.

Eines Tages, als sie, hoch aufgeschürzt und auf großen Holzschuhen, da draußen stand und bemüht war, eine tiefe Furche für den Wasserabfluß zu ziehen, kam Endrik vom Flusse her. Er war offenbar bemüht, ein recht heiteres Gesicht zu zeigen, und sein Gruß klang auch ganz munter, aber die Fröhlichkeit hielt nicht lange an. Else machte ihm keine Vorwürfe, daß er sich so lange nicht hatte blicken lassen; er meinte indessen doch, sich entschuldigen zu müssen. „Von einem Tage zum andern habe ich gewartet", sagte er, „daß meine Mutter sich besinnen werde; aber sie ist ganz verhärtet. Bitten und Drohungen – es ist Alles umsonst. Es wäre vielleicht doch noch mit ihr zu reden gewesen, wenn der Kapitän sie nicht klug gemacht hätte. Eigensinnig ist sie immer gewesen, und jetzt nach des Vaters Tode fühlt sie sich obenauf; da soll Jeder tanzen, wie sie pfeift. Der Kapitän hat ihr's wegen seiner Tochter so fest eingeredet, daß sie nun kein vernünftiges Wort mehr anhört. Der Hochmuthsteufel ist in sie gefahren, und für eine Fischerfrau hält sie sich mit ihrem Gelde schon für zu gut. Die Nachbarn spotten über sie ganz laut; aber das freut sie, da sie doch nur den Neid aus ihnen sprechen hört. Kurz, es ist mit ihr nichts auszurichten."

Else hatte sich auf den Spaten gestützt. „Ich habe Dir's ja vorausgesagt", bemerkte sie traurig, „daß Deine Mutter nimmer einwilligen wird. Du hättest die Sache gar nicht anfangen sollen."

„Wenn Du das sagst, Else", fuhr er auf, „so bist Du mir nicht gut. Ich habe gethan, was mir das Herz befahl, und es war gewiß recht so."

Sie nickte ihm freundlich zu. „Aber es wird Dir leid werden, Endrik. Du hast an solche Hindernisse nicht gedacht. Dann ist's am besten, Du machst schnell ein Ende und fügst Dich. Ich will sehen, wie ich's überwinde."

Endrik schüttelte den Kopf, sah auf den Boden hinab und wühlte mit dem Fuße in der frisch aufgeworfenen Mooserde. „Ich füge mich so bald nicht", sagte er unmuthig. „Im Dorfe ist's herum, weshalb Du aus dem Hause hast gehen müssen, ich hab's jedem, der's hören wollte, bestätigt, daß ich Dir mein Wort gegeben habe. Wenn ich mich nun duckte, das gäb' ein schönes Gerede, und bei meiner Mutter käm' ich nie mehr auf. Nein, wie ich's angefangen habe, so muß ich's nun auch zu Ende bringen. Hinten hinaus kann ich nicht – da ist ein Riegel vorgeschoben und mir ist das ganz recht. Wenn Du nur warten kannst, Else!"

Sie lachte dazu: „Mich holt Keiner fort."

Er setzte sich auf die Grabenkante und zog sie zu sich nieder, indem er ihr den Spaten aus der Hand nahm. „Wer weiß?" sagte er, auf den Scherz etwas knurrig eingehend. „Ein so hübsches Mädchen –"

„Ach, das dauert nicht lange. Sieh nur, wie mich die Sonne in den wenigen Wochen verbrannt hat, und meine Hände –"

Er streichelte sie. „Die sind freilich recht rauh geworden von der schweren Arbeit. Es ist ein Jammer, daß Du Dich so zu strapaziren hast. Aber es soll bald anders kommen."

„Wie soll's anders kommen?"

„Meine Mutter hat gemeint, ich würde mich zufrieden geben, wenn sie nur recht starr auf ihrem Stück bestände – da irrt sie aber. Ich hab' ihr angeboten, in Frieden Theilung zu machen; aber sie hat sich verschworen, daß sie nicht einen Pfennig herausgiebt. Sie glaubt nicht, daß ich an's Gericht gehen werde, und ich gehe doch. Mündig bin ich; sie kann mir mein Erbtheil nicht vorenthalten, und bekomme ich nicht das Haus, so muß ich doch eine Abfindung bekommen. Die Herren werden ihr schon ein Licht aufstecken. Ich will morgen nach der Stadt und mir gleich einen Anwalt annehmen. Wenn sie von dem einen Brief erhält, wird sie sich's wohl vernünftig überlegen, denke ich, ob sie mit ihrem Sohne processiren will. Gern thu ich's wahrhaftig nicht; aber sie zwingt mich, mein Recht zu suchen, wo Jeder es findet."

„Hast Du schon mit Deinen Schwestern gesprochen?"

„Ja. Die sind auf der Mutter Seite."

„Das dacht' ich wohl. Sie gewinnen dabei, wenn Du das Haus aufgiebst."

Er seufzte: „Es kann doch nicht anders sein, Else!"

Sie legte den Arm um seinen Hals. „Ist Dir das wirklich um meinetwegen nicht zu hart?" fragte sie.

Nun erst wurde er recht warm, küßte und herzte sie und versicherte einmal über das andere, er mache sich aus der ganzen Welt nichts, wenn er sie nur habe und behalte.

„Wenn's nicht besser sein kann", rief er, „so pachte ich ein Stückchen Moosbruchland, baue mir auch so ein Häuschen, wie Dein Vater eines hat, und führe Dich hinein. Was Du für ihn thust, wirst Du ja auch für mich thun."

Wie zur Bekräftigung nahm er den Spaten und fing an zu graben. „Ist's denn wirklich so schwer?" Bald perlten ihm die Schweißtropfen von der Stirn und brannten ihm die Hände. „Zum Teufel! – ist das eine Arbeit für Dich?"

Sie nahm ihm den Spaten ab und lachte ihn aus. „Beim Holzhandel hat man's leichter!" neckte sie.

Jurgeitis kam hinzu und schien nicht sonderlich erfreut über den Besuch. Als er hörte, wie die Sachen ständen, meinte er: „Bring's erst in Ordnung, so oder so, und dann frage bei dem Mädchen wieder an. Sehen Dich die Leute hier, so schreien sie's herum, wir hätten Dich verführt. Deine Mutter hetzt den Fischmeister gegen mich, und das fehlt mir gerade noch. Ich will Ruh' und Frieden haben."

Da aber Else zu Endrik stand, lud er ihn doch zuletzt in sein Haus zum Essen ein. „Geht's einmal bergab", brummte er vor sich hin, „so ist kein Halten. Aber guten Rath zur rechten Zeit will Niemand annehmen."

Abends fuhr Endrik, durch dieses Wiedersehen in allen seinen Entschlüssen bestärkt, nach Nemonien zurück und am andern Tage mit dem Dampfboote nach dem Städtchen Labiau. Dort war das Kreisgericht, bei dem er seine Anträge auf Erbtheilung zu stellen hatte. Der Anwalt ließ ihn eine Vollmacht unterschreiben und sagte zu ihm, was für Atteste vom Pfarrer noch zu besorgen wären; die sollte er ihm schicken, dann würde die Sache bald in Gang kommen. Endrik erkundigte sich, wie lange es wohl dauern könne, bis Alles regulirt sei.

Wenn's glatt gehe, meinte der Anwalt, schwerlich länger als ein Jahr.

„Ein Jahr!" rief Endrik ganz verdutzt. Er hatte sich auf einen Monat gefaßt gemacht. „Und wenn's glatt geht! Ja, was kann denn aber –"

„Das Inventar muß aufgenommen und das Grundstück nebst der Fischerei-Gerechtigkeit und den Holzvorräthen taxirt werden", belehrte ihn der Anwalt; „und wenn Ihre Mutter nicht gutwillig thut, was das Gesetz in solchem Falle vorschreibt, so kommen wir nicht einen Schritt weiter ohne Proceß. Ein Proceß aber läuft unter Umständen durch drei In--

stanzen, natürlich, ohne sich die Beine allzusehr anzustrengen. Wir haben solche Sächelchen, die auch schon fünf Jahre alt geworden sind. Sie sind doch im Stande, die erforderlichen Vorschüsse zu zahlen?"

Endrik versicherte etwas kleinlaut, er werde das Geld auftreiben können, und zahlte sofort auf den Tisch, was er bei sich hatte. Nur für die Rückreise sicherte er sich. Die Atteste schickte er ab, sobald er sie vom Pfarrer erlangen konnte, der ihm vergeblich in's Gewissen sprach, keinen Streit in der Familie anzufangen; auch sorgte Endrik dafür, daß seine Mutter den Brief zu sehen bekam. Sie sagte nichts darauf, beobachtete ihn aber seitdem mit mißtrauischen Blicken.

Aller mühsam verhaltene Groll entlud sich in schweren Gewittern, als nun die gerichtliche Vorladung anlangte. Sie zerriß das Papier und trat es mit Füßen. „Handelst Du so schlecht gegen mich?" schrie sie ihm entgegen; „das will ich Dir gedenken! Mit Deinem Vater hab' ich schon Müh' und Sorge genug gehabt – Du willst's noch ärger treiben. Aber ich will doch sehen, wer mir etwas wegnehmen kann bei Lebzeiten!"

„Mutter, gieb mir die Else", bat er, „und es kann Alles bleiben, wie es ist."

„Es wird Alles bleiben, wie es ist", antwortete sie giftig, „und die Else will ich nicht einmal nennen hören. Kommst Du mir mit Gewalt, so will ich Dir Dein Erbtheil schon klein machen. Was weiß das Gericht, wie viel Geld ich habe?"

„Du mußt es beschwören, Mutter".

„Pah!" Sie schnippte mit den Fingern in die Luft, wie es ihre Gewohnheit war. „Du weißt es ja selbst nicht einmal! Und wenn Du mich zum Schwure bringst, so ist's so gut, als ob Du Deine leibliche Mutter vor Gott in Schande bringst. Thu's doch!"

„Du zwingst mich zu solchen Schritten, Mutter."

„Zwinge ich Dich?" rief sie. „Gut! Wenn ich Dich zwinge,

so zwingst Du mich auch, und was da geschehen wird, das wird Dir noch unlieber sein. Kann ich mit meinem Sohne nicht wirthschaften, so muß ich zusehen, mit wem ich wirthschafte. So alt bin ich noch nicht, daß ich keinen Mann mehr fände. Zwingst Du mich, so heirath' ich noch einmal. Wie groß dann Dein Muttererbe wird, magst Du Dir selbst ausrechnen, wenn ich geschworen habe."

Das war offenbar ganz ernstlich gemeint, und Endrik zweifelte nicht daran. Er wußte auch, daß sie ihm einen größeren Tort nicht anthun könnte; das väterliche Haus war ihm dann für alle Zeit verloren. Aber er war nun einmal so weit gegangen und mußte weiter, kostete es, was es wollte. Die Else konnte er sich doch nicht aus den Gedanken bringen.

Es geschah nun, was immer in solchen Fällen zu geschehen pflegt, wenn ein Erbe gegen den Willen der Uebrigen das Gericht anruft, eine Theilung zu bewirken; alle geheiligten Bande der Blutsverwandtschaft und Familien-Angehörigkeit reißen; die Nächsten werden einander die Fernsten; der Streit um Mein und Dein entbrennt heftiger, als zwischen Gegnern, die einander ganz fremd sind, und an Stelle des früheren Wohlwollens tritt Mißtrauen und Rachsucht; alle die traurigen Leidenschaften, die Menschen gegen Menschen aufbringen, wirken mit rücksichtslosestem Eifer. Dabei mußte doch der äußere Verkehr ungefähr in früherer Weise fortgesetzt werden, die Wirthschaft in Gang bleiben. Man konnte einander kaum ausweichen und begann doch bei jedem Begegnen sofort wieder den alten, bösen Streit. Die Wittwe fühlte sich im Besitze und und wachte eifersüchtig darüber, daß sie die Zügel in der Hand behielt. Aber auch Endrik hatte als Haussohn Rechte und wollte nicht weichen. Er meinte, seine Mutter überwachen zu müssen, daß sie nichts bei Seite schaffte. Das blieb ihr wieder nicht unbemerkt und stachelte sie zu höhnischen Ausfällen. Ob er antwortete oder nicht, sie erboste sich innerlich mehr und mehr. Wenn sie sich aber krank geärgert hatte, war mit ihr erst recht kein Auskommen.

Endlich hielt Endrik dieses Leben, das seinem weicheren Gemüth täglich mehr Qual brachte, doch nicht länger aus. Er räumte seiner Mutter das Feld, besuchte Else in sehr gedrückter Stimmung und reiste weiter nach der Stadt, um sich dort die nothwendigen Existenzmittel zu beschaffen. Es lebten da Geldleute, die gern mit den Littauern Geschäfte machten, bei denen oft etwas zu riskiren, meist aber auch etwas zu verdienen war. Endrik hoffte auf sein künftiges Erbtheil ein Kapital aufnehmen zu können, mit dem sich der Holzhandel betreiben ließe, auf den er sich ja zu verstehen vermeinte. Den schlauen Füchsen erschien aber die Sicherheit zu ungenügend, und da sie ihn in Verlegenheit sahen, meinten sie ihn auch sonst schrauben zu können. Der Eine erbot sich zu einer namhafteren Summe, aber nur unter der Bedingung, daß er ihm seine ganze Erbschaft verkaufe. Darauf wollte Endrik sich unter keinen Umständen einlassen; er war überzeugt, daß nach Jahr und Tag für ihn das Vierfache ausgetheilt werden müßte. So blieb ihm nur übrig, Geld auf Wechsel zu nehmen, kleinere Summen zu hohen Zinsen, ungenügend, einen Geschäftsbetrieb damit anzufangen, wie er ihn im Sinne gehabt hatte.

Er begab sich nun nach Karolinenbruch und miethete sich dort in der Nähe des Jurgeitis'schen Häuschens ein. Vielleicht daß sich ihm dort irgend eine Aussicht auf Erwerb öffnete. Die Hauptsache war ihm jedoch, Abends mit Else auf dem Bänkchen vor der Thür sitzen oder mit ihr unter den Weiden am Flusse spazieren gehen zu können. Sie war nun unbestritten sein Schatz, und wenn die Nachbarn die Köpfe zusammensteckten, einander in die Ohren zischelten und beim Gruße so eigen pfiffig lächelten, als wüßten sie ganz etwas Besonderes, das kümmerte sie so wenig als ihn. In das alte Fischer-Erbe hatte er sie nicht einführen können, aber Haus und Hof hatte er ihretwegen verlassen, das sollte nicht ohne Dank bleiben.

Seine Mutter sah er nur, wenn sie zusammen in der Stadt Termin hatten. Er hoffte jedesmal, ihr Sinn würde sich erweicht haben, aber sie schien immer starrköpfiger zu werden.

„Treibe es nur so weiter", sagte sie ihm vor dem Richter, „Du wirst mir nichts abzwingen. Was aber schließlich auf Deinen Theil fällt, das wirst Du verzehrt haben eh' es noch in Deine Hand kommt. Willst Du Dich zum Bettler machen, so kann ich das nicht hindern. Dann warte ab, ob die Else Lust haben wird, mit Dir im Lande herumzuziehen. Es ist eine Schande, wie man über Euch spricht."

Er aber gab es ihr nicht mit harten Worten zurück, sondern sagte nur: „Die Else ist treu; auf die kann ich mich verlassen, und eine Schande ist es uns nicht, daß wir in solchen Nöthen zu einander stehen. Wenn aber mein Vater wüßte, wie unmütterlich Du an mir handelst, ich glaube, der hätte nicht Ruhe im Grabe."

Im Inventar hatte die Wittwe alle Stücke zum geringsten Werthe ansetzen lassen und viele ganz übergangen. Das baare Geld wollte sie gar nicht zur Theilung bringen; das sei „Ersparniß". Den Eid zu leisten, weigerte sie sich mit aller Entschiedenheit. Das könnte nicht im Gesetze stehen, behauptete sie, daß der Sohn seine Mutter zum Schwure bringen dürfe. Der Anwalt hatte also richtig gesehen, daß es ohne einen langwierigen Proceß nicht abgehen werde.

„Und wenn es nun erkannt ist, daß sie schwören muß", fragte er, „und sie will doch nicht – was dann?"

Der Jurist zog die Achseln auf. „Ja dann giebt's gesetzliche Zwangsmittel – im schlimmsten Falle Haft."

Er erschrak. Seine Mutter in's Gefängniß! Sie behielt am Ende doch in ihrer Weise Recht, daß ein Sohn seine Mutter nicht zum Schwure bringen könne, was auch das Gesetz erlauben möge.

Nach solchen Verhandlungen kam er in recht verzweifelter Stimmung nach Karolinenbruch zurück. Meist dauerte es Tage, bis er sich vor Else sehen ließ. Und dann war er zerstreut und übler Laune, leicht gereizt und mit der ganzen Welt unzufrieden. Anfangs ging das schnell vorüber, aber das letzte Mal hatte sich der Unmuth so festgesetzt, daß das Mädchen ihn lange vergeblich fortzuschmeicheln suchte.

„Thut Dir's schon leid, Endrik?" fragte sie endlich, sein Herz ausforschend.

Nun brauste er auf und rief: „Nein, nein, nein und tausendmal nein! Was ich will, das will ich, und was ich verspreche, das geschieht. Aber zum Tollärgern ist's wahrhaftig!"

Er fing an, um Tagelohn zu arbeiten. Jetzt, im Spätsommer, gab es überall zu thun, und der Verdienst war auch nicht schlecht. Aber er verschaffte ihm doch nicht einmal die Mittel, zu leben, wie er es gewohnt war, und es mußten neue Wechsel zu schweren Bedingungen geschrieben werden. Jurgeitis meinte: „Ich wüßte wohl, was ich an Deiner Stelle thäte. Bist Du nicht Deines Vaters Sohn und gehört zu seinem Erbe nicht auch die Fischerei-Gerechtigkeit? Ich denke, Du hast so viel Antheil daran, als Deine Mutter, und wer die Fische fängt, der hat sie. Wenn Du einen Kahn ausrüstest und schreibst in die Fahne Deinen Namen, – wer will Dir das wehren? Ich helfe Dir gern auf den dritten Theil. Daß der Fischer sich einen Mann annimmt, ist allezeit erlaubt gewesen."

Endrik hatte doch Bedenken: an der Rechnung war irgend etwas nicht richtig. „Ich bin nicht der Wirth", wendete er ein.

„Auf die Weise ist Deine Mutter auch nicht die Wirthin", deutete Jurgeitis. „Und man kanns doch darauf ankommen lassen. Es ist ja nicht durchaus nöthig, daß wir bei hellem

Tage ausfahren. Fischen wir in der Nacht, so dauert's eine Weile, bis der Fischmeister uns findet. Dann berufst Du Dich auf Dein Recht und bleibst dabei steif und fest. Wir wollen sehen, ob sie Dir's abstreiten können – das hat weite Wege."

„Und glaubst Du selbst, daß es mein Recht ist?"

„Gewiß glaube ich das. Bis sie Dir's abstreiten, ist es Dein Recht."

Endrik widerstand nicht lange. Als er erst einmal ein Netz ausgeworfen und einen Fang gemacht hatte, gefiel ihm sein altes Handwerk so gut, daß es keines Zuredens mehr bedurfte. In den dunklen Herbstnächten waren die beiden Männer fast regelmäßig auf dem Wasser, und in der Schenke auf dem Moor verkehrten Fischhändler, die ihnen die Ausbeute gern heimlich abnahmen.

Man hätte sich einreden können, daß Grünbaum absichtlich nicht nur ein, sondern beide Augen zudrücke, um von diesem immer dreister werdenden Treiben nichts zu sehen. Als ihm aber endlich von des Jurgeitis neidischen Nachbarn Anzeigen gemacht wurden, die sich nicht überhören ließen, fahndete er ernstlicher auf die Contravenienten und fing sie mit leichter Mühe ab. Nun brachte Endrik das Sprüchlein vor, das ihn Jurgeitis gelehrt hatte. Der Fischmeister antwortete: „Das sind littauische Finessen, die bei uns nicht gelten. Damit kommt Ihr nicht durch, so schlaue Kerle Ihr auch sein mögt."

Am nächsten Tage kam er ans Land und suchte Endrik in seiner Wohnung auf. „Höre, mein Junge", sagte er ihm, „Du treibst mir's denn doch zu arg. Hast Du Dich in das Mädel vergafft, so ist Dir das nicht groß übel zu nehmen, und mich geht es weiter nichts an, als daß ich mir denke, Du hättest wohl eine bessere Partie machen können. Läßt sich einer an eine Schürze binden, so muß man ihn laufen lassen, bis er's satt hat – gewöhnlich kommt er nicht weit über einen gewis-

sen Punkt. Na, ich sage nichts davon! Aber daß der alte Spitz-
bube, der Jurgeitis, Dich in's Schlepptau nimmt, das ist eine
bedenkliche Sache. Kann das Mädel sich auch keinen anderen
Vater anschaffen, so ist's doch nicht gerade nöthig, daß Du
mit ihm solche Freundschaft eingehst, bei der er Dich in seine
Spitzbübereien verstrickt, damit er Dich hinterher fest hat.
Schickt sich das für eines Ganzfischers und Holzhändlers
Sohn, in der Nacht die Gewässer unsicher zu machen, wie ein
Vagabund, und mit allerhand diebischem Gesindel Verkehr
zu haben, das kein Amtsschild sehen kann, ohne mit den Au-
gen zu blinzeln? Mit der Ausrede, mein Junge, ist's dummes
Zeug. Damit komme mir nicht zum zweiten Male – das sag'
ich Dir im Voraus."

Mit diesen letzten Worten schnitt er die Erwiderung ab, zu
der Endrik sich schon anschickte. „Ist's nicht ein Scandal",
fuhr er fort, „daß ein anständiger Mensch sich zu so etwas
hergiebt? Ich habe immer ein Auge auf Dich gehabt und mich
gefreut, wie Alles an Dir tüchtig und reell war, und Deinem
Vater hab' ich manchmal gesagt: „Endromeit, der Junge kann
werden!" Und nun machst Du mir solche Geschichten,
bringst Dich mit dem alten Spitzbuben zusammen auf die
Strafliste! Kreuzdonnerwetter! Ich hätte gewünscht, lieber
zehn Andere ergriffen zu haben."

Endrik sah verlegen zur Erde nieder; es war ihm nicht ganz
wohl zu Muthe bei dieser gerechten Strafpredigt. „Wenn's
nicht sein soll", murmelte er, so wird's ja auch fernerhin nicht
geschehen."

„Aber einen Schandfleck hast Du weg", sagte Grünbaum,
„und abwischen läßt sich der absolut nicht mehr. Auf der
Strafliste stehst Du nun einmal; so gut ich Dir bin, kann ich
doch nicht gegen Pflicht und Gewissen. Na, viel hat's nicht
gerade auf sich, aber für einen Denkzettel ist's hoffentlich genug." Er legte ihm die Hände auf die Schultern. „Sei verstän-

65

dig, Endrik, thu's nicht wieder – das führt zu nichts Gutem. Himmel-Element, so ein hübscher Bursche! Und könnte die besteingerichtete Wirthschaft haben, und die Taschen voll Geld, wenn er nicht so ein Querkopf wäre. Es ist ein Scandal!"

Dem jungen Manne schoß das Blut in die Stirn. „Es macht mir keinen Spaß", antwortete er mit dumpfer Stimme, „mit meiner Mutter zu processiren; aber sie nimmt ja keine Vernunft an."

Grünbaum strich sich den grauen Bart. „Es ist jetzt eine wunderliche Zeit", bemerkte er; „die Kinder wollen ihre Eltern Vernunft lehren. Es ist übrigens was dabei: unvernünftig ist die Alte noch mehr als Du, wenn auch nicht gerade in dem Punkte, an den Du denkst. Auf dem besten Wege ist sie, sich zu ruiniren. Weißt Du denn, was in letzter Zeit zu Hause geschehen ist, mein Junge?"

Endrik schüttelte den Kopf. „Was sollte ich mich darum kümmern?"

„Zum Teufel, es geht Dich doch an! Na, ich will's Dir sagen, und Du kannst glauben, daß es so ist. Du kennst doch den verlaufenen Schulmeister, den Labuttis, den sie vor Jahren wegen schlechter Streiche fortgejagt haben?"

„Was ist's mit dem?"

„Ja, was ist's mit dem? Bisher hat er sich von seiner Winkelschreiberei kümmerlich genug ernährt und uns das Leben erschwert. Bei allen Behörden ist seine verdammte Handschrift bekannt. Seit Kurzem lebt er in Gilge wie ein Baron. Wie kommt das? Weil er der reichen Wittwe Grita Endromeit Sekretär geworden ist. Ja, sieh mich an! Deiner Mutter intimster Rathgeber und Sekretär ist er, und wenn es was zu schreiben giebt, das versteht natürlich kein Anwalt so gut, wie er. Er schreibt nämlich Alles, was sie will, und wie sie es will. Beim Schreiben bleibt's aber nicht. Er hat sich so eingeschmeichelt, daß sie meint, ohne ihn gar nicht mehr fertig werden zu können. Das ganze Holzgeschäft hat sie ihm übergeben, von dem er so viel versteht wie ich, und in ihrem Auftrage reist er nun herum, kauft und verkauft, zahlt und zieht Geld ein, daß Jeder sich darüber verwundert. Ich habe ihr freundschaftliche Vorstellungen gemacht, sie solle dem Pfifficus nicht zu viel trauen, bin aber schlecht angelaufen. Es sei Alles nur Neid und Mißgunst und böswillige Verleumdung; ein so ehrlicher und kluger Mann müsse noch gefunden werden; übrigens könne sie mit dem Ihrigen thun, was sie wolle, und wenn sie ihm Gutes erweise, so habe sie doch wenigstens einen schönen Dank davon. Kurz, sie ist ganz närrisch von ihm eingenommen, und da sie's auch offen ausgesprochen hat, daß sie wieder heirathen müsse, so bringen's die Leute im Dorfe natürlich in Verbindung und nennen sie schon heimlich hinter ihrem Rücken nicht anders, als die Madame Labuttis. Wer weiß, wie bald es Hochzeit giebt!"

Endrik war recht nachdenklich geworden. „Es ist gewiß nur so ein Gerede", sagte er, wagte dabei aber gar nicht aufzusehen.

„Ein Gerede ist's", meinte der Kapitän, „aber aus der Luft gegriffen haben sich's die Leute eben nicht. Heirathet sie der Schulmeister, so ist's vielleicht für die Wirthschaft noch am besten; hat er eine Hoffnung, da für's Leben versorgt zu werden, so wär' er ein rechter Narr, wenn er nicht den günstigen Moment benutzte und heraustrüge, so viel er zwischen den langen Schreiber-Fingern halten kann. Ich stelle Dir das nur vor, damit Du gewarnt bist; ein Anderer genirt sich vielleicht. Willst Du's so gehen lassen – meinetwegen, mich kränkt es nicht. Wenn ich einmal die Idee gehabt habe, daß meine Julie … ich segle nicht immer denselben Kurs! Und nun Gott befohlen, mein Junge. Ich habe noch ein ernstes Wörtchen mit Jurgeitis zu reden."

Damit klopfte er ihm die Schulter, drehte ihm den Rücken und ging pfeifend zum Hause hinaus. Endrik ließ sich schwer auf den Holzstuhl niederfallen, stützte die Ellenbogen auf den Tisch und den heißen Kopf in die Hände, und ächzte vor Aerger und Betrübniß.

Bei Jurgeitis hielt sich der Fischmeister nicht so lange auf. „Ich bin gegen Dich nachsichtig gewesen", sagte er ihm, „mehr, als ich's vor der Regierung verantworten kann. Wenn ich sonst einem drohe: ‚Dies ist das letzte Mal', so kann er sich auf mein Wort verlassen. Dir hab' ich's wieder und wieder nicht angerechnet. Nun ist aus dem letzten Male ein allerletztes Mal geworden, da Du nicht nur selbst bei Deiner Schlechtigkeit verharrst, sondern auch noch einen ehrlichen Menschen verführst, das Gesetz für nichts zu achten. Dich geb' ich auf! Eher läßt sich ein schwarzer Rabe in eine weiße Taube umkakeln, als daß aus Dir ein ordentlicher Kerl wird. Aber dem Endrik ist hoffentlich noch zu helfen, wenn er sieht, wohin solche Gottlosigkeit führt. Also sage ich Dir allen Ernstes: Die Pacht ist Dir zu Ostern gekündigt. Und wenn Du im nächsten Termin das Zehnfache bietest, ich sorge dafür, daß sie Dich bei der Regierung kennen. Sieh zu, wie Du Dein Haus am vortheilhaftesten losschlägst. Steht's über den zweiten Osterfeiertag hinaus noch auf dem Moosbruch, so wird's von Amtswegen auf Deine Kosten abgebrochen. Mit dem Förster bin ich in dem Punkte ganz einig! Du sollst ferner den Zeitpächtern nicht schlechtes Beispiel geben."

Jurgeitis zitterte am ganzen Leibe. So wenig er den Fischmeister zu respectiren geneigt war, wenn er ihn hintergehen zu können meinte, so erfaßte ihn doch jedesmal ein heftiger Schreck, wenn er ihn vor sich sah und ihn sprechen hörte. Er fürchtete ihn ebenso sehr, als er ihn haßte. Nun war's ihm zu Muthe, wie Einem, dem die Gurgel zugeschnürt wird, bis ihm der Athem vergeht. Sein Moosbruchland verlieren – lieber sich auf's Tiefste demüthigen, wie ein Hund treten lassen! Er fiel auf die Kniee nieder, küßte den Rockzipfel des erzürnten Herrn, weinte und bat um Gnade. „Ich hätte es gewiß nicht gethan", rief er, „wenn's nicht dem Endrik zu Liebe geschehen wäre – gewiß nicht!"

Grünbaum lachte laut auf. „So hat der Endrik Dich wohl verführt, alter Sünder, was?"

„Weil er der einzige Sohn ist und mit dem Grundstück die Fischerei-Gerechtigkeit –"

„Schweig! Du hast ihn schändlich überredet und mit Deiner Tochter angelockt."

„So wahr Gott lebt, Herr Kapitän –"

„Versündige Dich nicht noch, Spitzbube! Schwerlich wäre er Dir ins Garn gegangen, wenn Du an Else nicht einen so guten Köder hättest."

Jurgeitis umfaßte seine Kniee. „Was soll ich anfangen ohne das Land? Mein Schweiß und Blut steckt darin. Ich will die Else auswärts in Dienst schicken, daß sie dem Endrik gar nicht mehr vor die Augen kommt. Wenn er dem Fräulein gefällt, mir soll's nicht zuwider sein! Nur noch ein Mal, Herr…"

Der Fischmeister schüttelte ihn ab. „Es ist mein letztes Wort," sagte er, ging eilig fort und schlug die Thür hinter sich zu.

Kaum aber war das geschehen, so sprang der Littauer auf, ballte die Fäuste und schlug damit wie toll gegen die Füllbretter. Die Augen traten ihm aus dem Kopfe, der Schaum stand ihm vor dem Munde, jeder Muskel zuckte. „Hund, verfluchter Hund!" schrie er, „wenn ich das Land verliere, so kostet es dein Leben! Mein Schweiß und Blut – mein Schweiß und Blut! Vom Wasser hast Du mich vertrieben, vom Lande vertreibst Du mich auch! Kann ich wie ein Vogel in der Luft leben, kann ich das?" Er knirschte mit den Zähnen und hämmerte noch wüthender gegen die Thür. „Die Regierung hat den Moosbruch gestohlen – hörst Du, gestohlen hat sie ihn, dem lieben Gott fortgestohlen! Was wächst darauf? Nicht Halm, nicht Blatt. Der arme Mann muß ihn erst düngen mit seinem Schweiß und Blut, daß er Frucht trägt. Dem armen Manne gehört er für seine Arbeit, und wer ihm das Land nimmt, der stiehlt ihm seine Arbeit! Hörst Du das, Judas: der stiehlt ihm seine Arbeit! Das Land, das ist seine Arbeit, das ist sein Schweiß und Blut! Mir das Land nehmen! Strafen kannst Du mich nach Deinem gottverfluchten Gesetz und auspfänden und in's Gefängniß werfen lassen – das muß ich ertragen. Aber das Land sollst Du mir nicht nehmen, von dem ich lebe! Hüte Dich vor mir!"

So wüthete er, bis er erschöpft zu Boden fiel. Die alte Frau fand ihn so, hob ihn auf und führte ihn an's Bett. Sie glaubte, er hätte zu viel getrunken, was doch sonst seine Gewohnheit nicht war. An demselben Abend kam es auch zwischen Endrik und Else zur Aussprache. Er erzählte ihr, was er vom Fischmeister erfahren hatte, und sagte, so könne er's zu Hause nicht weiter gehen lassen. Seine Mutter verderbe die ganze Wirthschaft, und den Schulmeister kenne er als einen schmeichlerischen und gewissenlosen Menschen.

„Ich hätte das Haus nicht verlassen sollen", schloß er, „lieber die schwerste Unbill ertragen. In des Sohnes Gegenwart hätte das schwerlich geschehen können. Nun muß ich aufpassen, daß nicht noch mehr Schaden angerichtet wird. Leidet mich meine Mutter nicht im Hause, so will ich doch in der Nähe sein und ein wachsames Auge auf Alles haben. Ich denke, die Schwestern werden nun auch wohl auch merken, woran sie sind, und auf meine Seite treten."

Else mochte dagegen nichts einreden; sie sah ja, daß der Fischmeister seinen Sinn gewendet hatte. Aber sie war sehr traurig und sagte: „Du kommst nicht wieder, Endrik."

Darüber wurde er aufgebracht und sprach zornige Worte, daß er ihr wohl gezeigt habe, wie er gesinnt sei, und daß er nicht gescholten sein wolle, wenn er nun dem Zwange der Umstände nachgebe. Sie schmiegte sich an ihn und küßte ihn zärtlich, wiederholte aber doch: „Du kommst nicht wieder!"

Sie schieden nicht guten Muthes, wie sonst. Am anderen Morgen, als Else zur Arbeit ging, war Endrik schon abgereist.

Der Herbst brachte viel Sturm und Regen. Das Wasser in den Flußläufen staute auf und trat über die Ufer; alle Gräben waren zum Überfließen voll, und die schwarzbraune Moorerde hatte sich so mit Feuchtigkeit durchzogen, daß man keinen Fuß darauf setzen konnte, ohne tief einzusinken. Die Häuschen der Zeitpächter standen wie auf einer langen Reihe von Inseln, und der Weg am Ufer entlang war nur durch die Weiden kenntlich, die mit ihren grauen Stämmen und zerzausten Kronen aus dem Flusse hervorragten; die Kähne erschienen wie mitten im Flusse festgebunden. Manchmal sah man aus den kleinen Fenstern den Strom auf weite Strecken wie mit frischem Heu überschüttet. Die Gestelle, auf denen das Heu bis zum Winter lagern sollte, waren umgerissen, und von den Wiesen wurde es nun unaufhaltsam in's Haff geschwemmt. Es war schon tollkühn zu nennen, daß Jurgeitis und seine Tochter Else sich auf kleinem Boote hinauswagten, einen Theil für sich zu bergen. Die schwere Mühe brachte nur geringen Gewinn, und dafür wollte kein Anderer das Leben wagen.

Ueberall war die Sorge wegen der Kartoffel-Ernte groß. Plötzlich aber schlug das Wetter um, und es kamen noch die schönsten Tage mit tiefblauem Himmel und warmem Sonnenschein. Rasch floß das Wasser wieder ab, trocknete die Erdkruste. Nun blitzten die Hacken und Spaten rings um den Rand des Moosbruchs! Tausende von Händen waren beschäftigt, die blanken Kartoffeln mit den feinen Schalen auszuwühlen, in Säcke zu schütten und abzukarren. Jurgeitis war der Eiligsten und Fleißigsten einer. Da er fürchtete, daß wegen seiner Strafgelder Beschlag auf die Ernte gelegt werden könnte, miethete er gleich einen größeren Kahn und fuhr mit seiner Ausbeute, so viel er nicht selbst davon für den Winter brauchte, nach der Stadt zum Markte. Wo er das gelöste Geld verwahrte, wußte nicht einmal Else. So reichlich hatte das Land noch in keinem Jahre seiner Pachtzeit Frucht getragen.

Aber er konnte dessen nicht froh werden. Der Gedanke ließ ihn nicht mehr los, daß er im nächsten Frühjahr abziehen und einem glücklicheren Bewerber seinen Acker ausantworten müsse. Manchmal meinte er wohl, der Fischmeister fürchte ihn und werde seine Drohung nicht wahr machen. Das aber war ein Trost, der immer nur für kurze Zeit aufrichtete und bald wieder der finstersten Stimmung Raum gab. Wer den Mann täglich und genauer beobachtete, wie Else, mußte erschreckt sein über sein verstörtes Wesen. Er ging mit gesenktem Kopfe umher, murmelte unverständliche Worte vor sich hin und sprach selbst Nachts im Schlafe. Manchmal ballte er die Faust und drohte in die Luft hinein oder knirschte mit den Zähnen.

Dann kam nach Martini der Bietungs-Termin für die Zeitpächter im Moosbruch. Der Förster hatte ihn abzuhalten, aber Grünbaum war dabei.

„Du kommst ganz umsonst", rief er Jurgeitis zu; „was ich gesagt habe, dabei bleibt's."

„Mein Gebot ist so gut, wie das der Anderen", antwortete der Littauer verbissen.

„Auf dem Papier freilich", gab der Fischmeister zu; „aber glaube mir, nicht die Feder voll Tinte ist's werth, mit der Dein Name in's Protokoll geschrieben wird. Und wenn Du sie Alle überbietest, die Pacht bekommst Du doch nicht."

„So geht's nicht mit Gerechtigkeit zu!" brauste Jurgeitis

auf. „Aber über Dir sind noch höhere Herren, und der liebe Gott wird dem armen Manne helfen."

„Den rufe lieber nicht an", rieth Grünbaum. „Du hast Dich all zu oft gegen ihn versündigt. Thu' übrigens was Du nicht lassen kannst; ich will mit Dir nicht streiten."

Jurgeitis bot mit auf sein Land und gab Acht darauf, daß er im Protokoll nicht vergessen wurde. Der Pachtzins schnellte in die Höhe, aber er hielt aus und hatte das letzte Wort. „Nun ist's doch richtig, Herr Kapitän?" fragte er, an den Tisch tretend. Es klang fast wie eine Bitte.

Statt der Antwort machte Grünbaum am Rande des Papiers bei seinem Meistgebot ein Zeichen.

Der Zuschlag wurde ihm nicht erteilt. Jurgeitis reiste nach Königsberg, um mit dem Herrn Regierungsrath zu sprechen; dort hieß es, man könne keine „Flußpiraten" zu Zeitpächtern brauchen. Er beschwerte sich über Grünbaum. Der sei ein pflichttreuer Beamter, hieß es, und kenne seine Leute.

Nun saß er fast täglich Stunden lang in der Schenke am Moor und trank Branntwein, bis er seiner Sinne nicht mehr mächtig war. Die Alte mußte ihn dann abholen und nach seinem Hause führen, wo er lärmte und tobte und die lästerlichsten Flüche gegen den Fischmeister ausstieß. Selbst Else konnte ihn nicht beruhigen. Sprach sie ihm, wenn er ausgeschlafen hatte, freundlich zu, so sagte er:

„Der Teufel ist auch an Deinem Unglück schuld! Meinst Du, daß der Endrik noch an Dich denkt? Er hat ihm so lange zugesetzt mit seinen Lügenreden, bis er Dich verlassen hat. Bis zu Weihnachten wird's nicht dauern, dann ist er mit seiner Mutter wieder ausgesöhnt und thut, was sie will, oder was ihr der Fischmeister einbläst. Dem ist's nicht genug, daß er mich zum Bettler macht; er hat auch einen Haß gegen Dich. Weil er Dir den Endrik nicht gönnt, deshalb bekommst Du ihn nicht."

Else wußte darauf nicht zu antworten; das Herz war ihr auch ohne seine Stachelreden schwer genug.

Eines Morgens, als er noch schlief, fuhr sie zu Kahn über den Fluß und denselben aufwärts bis zu des Fischmeisters Haus. Dort legte sie an und ging hinein, fragte aber nicht nach ihm, sondern nach dem Fräulein. Julie hörte sie freundlich an, da sie nur ihres Vaters Noth klagte. Sie möchte sich für ihn verwenden, bat Else, damit er nicht ganz verzweifeln dürfe. „Man rühmt Dein gutes Herz", sagte sie, „und Vielen hast Du schon aus Trübsal geholfen, wenn Du für sie bei Deinem Vater gesprochen hast, daß er sie nicht so hart behandeln und ihnen ein Versehen verzeihen oder eine Strafe schenken möge."

„Es kann nichts helfen", erwiderte Julie, „mein Vater ist gegen Jurgeitis gar zu sehr aufgebracht. Warum hat er's auch so arg getrieben und zuletzt noch den jungen Endromeit verführt! Das vergißt ihm mein Vater nicht."

Else streichelte ihren Arm. „Und Du zürnest mir wohl auch des Endrik wegen, daß Du Dich nicht erbitten lassen willst? Aber ich kann doch nicht dafür, daß er mir nachgegangen ist."

Julie lachte. „Jetzt könnt' ich ihn vielleicht haben, wenn ich wollte. Er soll ganz zahm geworden sein und seiner Mutter aus der Hand essen."

Else schluckte die bittere Pille hinunter. „Gieb Deinem Vater ein gutes Wort", bat sie nochmals, „Gott wird Dir's lohnen."

„Ich will's versuchen", sagte das Fräulein mitleidig, „aber meine Bitten gelten beim Vater nicht viel, das weiß ich am besten. Es wäre sonst Manches anders."

Sie seufzte dabei und ging hinaus.

Schon nach wenigen Minuten kehrte sie zurück. Else hörte die Stimme des Fischmeisters im Nebenzimmer: „Dummes Zeug! Ich kann doch nicht gegen mich selbst berichten. Ich

74

hab's ihm vorausgesagt. Er hat nicht darauf geachtet, dreimal, nicht einmal. Das Gesetz existiert für das Volk nicht. Wenn es sie aber schließlich doch am Kragen hat, giebt's ein groß Lamento. Der Mann ist nicht zu halten; das Mädchen soll auswärts dienen gehen."

Else brauchte nichts mehr zu wissen. Sie dankte mit Thränen in den Augen und fuhr über den Fluß zurück.

„Wo warst Du?" fragte Jurgeitis.

„Es ist uns nicht zu helfen, Vater", antwortete sie, „wir müssen vom Moosbruch fort."

„Ich für meinem Theil nicht lebendig", rief er. „Wenn ein Hund bellt, das schreckt mich nicht; wenn er mich anfällt, schlag ich ihn auf die Schnauze. Der dort, ich will lieber Hungers sterben, als ihm noch ein gutes Wort geben. Wer weiß, wer früher aus seinem Hause muß, er oder ich?"

Dabei verzerrte sich sein Gesicht zu einem häßlichen Grinsen. Die letzten Worte wiederholte er immer wieder, zuletzt vor sich hin murmelnd, während er den Inhalt seiner Branntweinflasche gegen das Fensterlicht prüfte.

Der Winter brach herein, gleich mit strengem Froste. Viele Fischer wurden von ihm auf dem Haff überrascht und kamen in große Noth. Ueber Nacht gefror das Wasser eine Meile weit hinaus, am Ufer entlang. Das Eis war zu stark, um von den Kähnen durchbrochen werden zu können, und zu schwach, um Menschen zu tragen. Da bewährte sich des Fischmeisters ganze Tüchtigkeit. Vom Lande aus versuchte er, eine Rinne durch das Eis schlagen zu lassen. Da man auf diese Weise zu langsam vorwärts kam, eilte er nach der Stadt und ruhte nicht, bis man ihm das dort liegende Dampfboot zur Verfügung stellte. Mit Hülfe desselben gelang es ihm, in's offene Wasser vorzudringen und mehrere der Fischer, die dort noch kreuzten, in Sicherheit zu bringen. Einige waren aber bereits tief im Eise eingefroren; es mußte ein neuer Versuch gemacht werden, ihnen vom Lande aus nahe zu kommen. Mit leichten Booten, Handschlitten und langen Stangen begab man sich unter Führung des braven Kapitäns auf das unsichere Eis. Wo dasselbe zuletzt ganz unhaltbar wurde, schlug man es mit Aexten ein. So gewann man freie Fahrt zu den Kähnen und rettete die Menschen, die achtundvierzig Stunden lang ohne Lebensmittel auf ihren offenen Fahrzeugen dem scharfen Froste ausgesetzt gewesen waren. Dank wollte der Fischmeister von Keinem annehmen.

„Es ist ja meine verdammte Pflicht und Schuldigkeit", sagte er lachend und die erstarrten Hände reibend.

Noch einmal riß der Weststurm das Eis auf, trieb es in die Strommündung hinein und schob es an den Ufern zusammen. Erst im Januar wurde die Decke fest, so daß die Winter-Fischerei in Zug kommen konnte. Nun wurde es auch auf den Flüssen lebendig; in langen Reihen fuhren Schlitten mit hellem Schellengeläute das Heu von den weiten Wiesenflächen der Niederung ab, theils tiefer in das Land hinein, theils über das Haff nach der Stadt. In der Schenke am Moor war täglich vom Morgen bis zum Abend ein lustiges Treiben; da stampften die Fuhrleute in ihren Schafspelzen sich die Füße warm, saßen am großen Kachelofen und forderten Glas auf Glas. Jurgeitis war oft unter ihnen, trank mit jedem neuen Gaste und sang littauische Schelmenlieder oder schimpfte zur Belustigung des rohen Volkes auf die Fischerei-Aufseher, Förster und Wiesenpächter. Zuletzt seiner Sinne kaum noch mächtig, tanzte er, mit dem vollen Glase in der Hand, auf der Diele umher, jauchzte laut auf, schnitt Grimassen und rief:

„Den Fischmeister soll der Teufel holen – tralala! Dem Grünbaum müssen alle Blätter abfallen – ju-u-ih! Wasser muß der Kapitän saufen – heidi! Ich lass' ihn schwimmen – schwimmen – schwimmen mit den Fischen – juchhe! Wartet ab, bis das Eis aufgeht, da wird er an's Land kommen – hi, hi, hi! juchhe!"

Er ist im Kopfe verrückt, hieß es allgemein.

Noch früh am Tage, wenn die Schenke sich geleert hatte, warf Jurgeitis sich auf's Bett und schlief fest bis Mitternacht. Dann aber stand er auf, rumorte ohne Licht in der Stube herum, unter seinem Handwerkszeug, schlug den Pelzkragen hoch auf und ging hinaus; selbst Else wußte nicht, wohin. Erst nach Stunden pflegte er zurückzukehren, vor Kälte an allen Gliedern zitternd. Einmal hatte er sich so verspätet, daß das Morgenlicht schon durch die befrorenen Fensterscheiben in die Stube dämmerte. Da sah Else, daß er eine Säge unter seinem Pelz hervorzog und in die Ecke stellte. Er gehe in den Wald nach Holz, dachte sie, und beruhigte sich dabei. Fragen wollte sie nicht, um nicht Mitwisserin seines heimlichen Thuns zu sein.

Er ging aber nicht in den Wald nach Holz, sondern schlich in den dunklen Nächten quer über den Fluß, am Ufergebüsch hin, bis zu des Fischmeisters Haus. Es ruhte auf Pfählen und stand jetzt wie auf dem Eise. Auf den Knieen konnte man unter das Haus kriechen, wenn man das dichte Strauchwerk zur Seite bog.

Das that Jurgeitis, und dann halb liegend, halb knieend, setzte er seine Säge an den nächsten Pfahl und machte in der Mitte einen Kreisschnitt, möglichst tief in das Holz hinein, immer mit kurzen Stößen vordringend. Die Arbeit war schwer und ermüdend. Wegen des Druckes von oben saß die Säge oft fest und konnte nur mühsam wieder in Gang gebracht werden. In mancher Nacht gelang ihm ein einziger Schnitt von rechts oder links. Bei Mondhelle wagte er sich überhaupt nicht hinaus. Aber so langsam sich das tolle Werk förderte, seine Hartnäckigkeit ließ nicht ab davon. Nach Monaten hatte er auf diese Weise sämmtliche Stützpfähle unter den Rosten angesägt.

Und noch lustiger klang es, wenn er in der Schenke jubelte: „Der Kapitän muß Wasser saufen – heidi! Mit seinem ganzen Schiffe muß er schwimmen zum Memeler Tief hinaus – juchhe! – schwimmen mit den Fischen."

Grünbaum hatte einen gesunden Schlaf; es weckte ihn sobald nichts auf. Julie aber, die vielleicht auch zu Zeiten aus einem besonderen Grunde wachsam auf jedes Geräusch draußen horchte, behauptete wiederholt, es lasse sich in der Nacht öfters ein Ton vernehmen, als ob Jemand Holz säge.

„Dummes Zeug!" schalt sie der Alte aus. „Ich wünschte, es sägte uns Einer unser Holz klein, aber das liegt fest auf dem Stapel und rührt sich nicht, bis ich es selbst herunterhole. Das hast Du von Deiner Mutter – die hörte auch immer allerhand Spuk. Es ist der Wind, der um das Haus streicht und die scharfen Eissplitter durch das kahle Strauchwerk jagt. Wer wird in der Nacht Holz sägen? Dummes Zeug!"

Jurgeitis wieder glaubte das eine oder das andere Mal, daß der Fischmeister ihm auf den Hacken sei. Er hörte deutlich den Schnee knirschen, wie unter dem vorsichtigen Fußtritte eines Menschen. Es war ihm auch, als bewegte sich ein Schatten an der Pfahlreihe entlang, und als ob die Hinterthür am Hause leise auf- und zugemacht wurde. Er hielt dann mit seiner Arbeit ein, bis Alles wieder still geworden war, oder gab sie für diese Nacht auch ganz auf. Einmal, schon gegen Morgen, knarrte wieder die Thür. Er hörte jemand die kleine Treppe hinabsteigen, sah eine Gestalt um die Ecke des Stalles huschen und dann im Graben sich nach dem Walde zu entfernen. Das schwache Schneelicht ließ die Umrisse nicht genauer erkennen, aber Grünbaum war es nicht. Der Vorfall ereignete sich nochmals ebenso etwa eine Woche später. Und dann ein drittes Mal, als er ungewöhnlich früh an seine Arbeitsstätte gelangt war, bemerkte er die vorsichtige Annäherung derselben Gestalt aus der Richtung vom Walde her. Er schlich bis an die vorderste Pfahlreihe heran, konnte jedoch das unter der littauischen Mütze versteckte Gesicht nicht erkennen; aber oben öffnete sich wieder die Thür, nachdem leise angeklopft war, und eine weibliche Stimme sprach etwas im Flüsterton, was er nicht verstand.

Im Hause war eine Magd. Jurgeitis kannte sie aber als eine alte Person, die schwerlich noch mit solchen Heimlichkeiten umging. Er meinte dann auch auf der richtigen Fährte zu sein, als er zu Else lachend sagte: „Dem Herrn Kapitän könnt' ich's jetzt heimgeben. Er hat Dich und Endrik unter der Weide auf dem Kirchhofe belauscht und ein großes Halloh davon gemacht... Das Fräulein treibt's schlimmer, hi, hi, hi! Läßt ihren Schatz Nachts in's Haus –"

„Wie weißt Du, Vater –" fiel Else mit Vorwurf ein.

Er duckte sich und that als ob er horchte. „Knistert's da nicht im Schnee – schleicht's da nicht heran – trappte es nicht die Treppe hinauf? Horch! Es klopft an die Thür, dahinter wartet schon Jemand... Schnell auf und hinein – husch, husch, husch! Der Fischmeister schläft bis zum Morgen – der hat einen festen Schlaf." Er sprang auf und ballte die Faust. „Meinetwegen mag er schlafen – ich werd' ihn nicht wecken, ich nicht. Wenn's ihn hinterher toll macht, um so besser. Juchhei! Ich gönn's ihm von Herzen." Er stampfte wie zum Tanze auf und schwenkte die Arme durch die Luft.

„Wer war's, Vater?" fragte Else. Sie traute ihm nicht recht.

Er kniff das eine Auge zu und blinzelte sie mit dem andern listig an. „Ja, wer war's? Er wird nicht so dumm sein, sich in's Gesicht sehen zu lassen. Soll ich ihn festhalten, daß er mich niederschlägt? Die Nacht ist dunkel; es sieht Einer aus wie der Andere. Das Fräulein wird ihren Schatz schon an der Stimme erkennen. Was geht's Dich an? Der Endrik wird's ja nicht sein, hi, hi, hi! Der Endrik nicht."

An den hätte sie zuletzt gedacht. Da ihr Vater aber nun sei-

nen Namen nannte, ging's ihr doch ganz kalt durch. Auf dem
Moosbruch hatte Endrik sich gar nicht mehr blicken lassen,
und nicht einmal einen Gruß hatte er ihr geschickt, wozu
doch alle Tage Gelegenheit gewesen wäre. War sie wirklich
ganz vergessen?

Das Herz war ihr recht schwer. Wenn sie an dem kleinen
Fenster saß und Netze strickte oder Garn spann und so viel
Zeit hatte, in sich hinein zu grübeln, dachte sie oft genug, daß
es für sie wohl am besten sei, in die weite Welt hinaus zu gehen und bei fremden Leuten Dienste zu thun. Dann wäre der
Endrik ihrer ledig, und sie selbst hätte ihn freigegeben und
könnte sich einbilden, hätte sie es nicht gethan, er würde sie
nicht verlassen haben. Aber ihr Vater! Durfte sie jetzt von ihm
gehen? Sie sah ja doch, wie kläglich es um ihn stand. Bei recht
gesundem Verstande war er nicht mehr, auch wenn er einmal
völlig ausnüchterte. Wenn er im Frühjahr die Hütte auf dem
Moosbruche abbrechen sollte, wer weiß, was er dann in seiner Wildheit thun könnte! Nein, in dieser schweren Zeit
durfte ihm die Tochter nicht fehlen.

Der Februar ging vorüber und der halbe März. Dann kam
Sonnenschein, dann nochmals scharfer Frost, dann in ganz
plötzlichem Umschlage Sturm und Regen bei lauer Luft. In
den Wäldern und auf den Wiesen schmolzen die gewaltigen
Schneemassen, die Eisdecke auf den Strömen und Kanälen
wurde unsicher und brach doch nicht. Weithin an den Ufer-
rändern entlang stand darauf das Wasser, überstaute das flache Land, Wiesen, Aecker und Wege. Ueber der ganzen Gegend lagerte ein gelbgrauer Nebel, der nur schattenhaft die
nächsten Häuser und Bäume erkennen ließ. Nicht zu Fuß,
nicht zu Wagen, nicht zu Kahn konnte man von der Stelle; alles Feste und Flüssige schien sich wieder zu vermischen und

die Erde ein weicher Brei zu werden, der sich in Nebel aufzulösen strebte.

Man hat dort einen eigenen Namen für diesen entsetzlichen Zustand, der oft Wochen andauert, mit unheimlicher Gewalt jede Bewegung hindert, alles Leben zu vernichten droht und die Menschen in ihrer Abgeschlossenheit und Hülflosigkeit zum Tode traurig stimmt. Der „Schaktarp" heißt er, und man denkt sich ihn nun wie ein Gespenst, das heranschreitet und sich riesengroß über die ganze Niederung legt, Jedem die Brust bedrückt und das Athmen erschwert. Der Schaktarp kommt, sagt man, und der Schaktarp geht oder zieht ab, oft über Nacht, wie er kam. Schnee und Eis sind dann langsam aufgezehrt, in Dunst verwandelt. Die Nebelwand hebt sich, und die Sonne, die lange wie eine trübe Ampel durch dieselbe sichtbar wurde, beginnt nun, mit ihren wärmeren Strahlen das Erdreich zu trocknen.

In diesem Jahre hatte der Schaktarp, so lange er auf sich warten ließ, doch Jeden überrascht. Man meinte, der späte Frost, der eine Eisdecke über die andere gelegt hatte, werde eine Weile anhalten. Am Abend war man noch tief im Winter, und am Morgen darauf rieselten die Bächlein von allen Dächern, trat der Fuß in unergründliche Pfützen von Schneewasser. Das gespenstische Ungeheuer schien diesmal mit rasender Eile einholen zu wollen, was es so lange versäumt. Bei völliger Windstille und lauwarmer Luft verdichtete sich der Nebel schon am dritten Tage so stark, daß man nicht mehr die Hand vor Augen sehen konnte. Else brannte bei ihrer Arbeit eine Lampe. Jurgeitis, der nicht einmal bis zur Schenke am Moor gelangen konnte, um seine Flasche neu zu füllen, schien von allerhand spukhaften Gestalten verfolgt zu werden. Unruhig griff er dies und das an, sprach mit sich selbst, weinte und lachte, sang geistliche Lieder und las aus der littauischen Bibel laut vor. „Herr, hilf!" rief er oft dazwischen.

Plötzlich ein neuer, überraschender Witterungswechsel.

Der eben noch bleischwer lastende Nebel kam in eine wogende Bewegung, als ob er von oben her stoßweise niedergedrückt würde, auswiche und wieder zurückströmte. Wenige Minuten darauf heulte der Sturm über die weite Fläche hin, die kahlen Bäume beugend und die Strohdächer zausend. Die Luft kühlte sich im Momente ab; die Dunstmasse erstarrte zu feinen Eisspitzen und prasselnden Hagelkörnern. Das offene Wasser über den Wiesen und Aeckern schlug Wellen, wie ein breiter See; mit donnerartigem Krachen borst die Eisdecke auf dem Flusse, wie von einem riesigen Nacken gehoben. Durch die Spalten quoll die strömende Fluth und riß sie weiter auf: das Grundeis drückte dagegen, nahm die losgelösten Schollen auf seinen Rücken und stemmte mit verstärkter Wucht gegen die noch widerstandskräftige Mauer. Endlich, nach stundenlangem Kampfe, hatte die mächtige Strömung sich mitten im Flusse eine Rinne geöffnet. Vom Sturme aufgehalten, ergoß er sich zu beiden Seiten über die Eisfelder und weithin über das mit Schollen bedeckte Land. Zurückgeschwemmt und von rechts und links übereinandergeschoben, stopften sie schnell wieder die schmale Wasserstraße. Nur kurze Zeit. Dann krachte, knackte, prasselte, knallte es von Neuem. Nun war die ganze Eisschicht an den Rändern gelöst, schnellte einen Fuß hoch auf, zersplitterte und wälzte sich mit den Wogen vorwärts.

Else blickte durch das Fenster, das grauenhafte Naturschauspiel mit ängstlicher Spannung beobachtend. Hinter ihr stand Jurgeitis, die Hand gegen den Pfosten gestützt, den Kopf vorgebeugt, unbeweglich auf einen bestimmten Punkt schrägüber am jenseitigen Ufer hinstarrend.

„Es ist gut, Vater", sagte Else, „daß wir unseren Kahn im Graben hinter dem Hause in Sicherheit gebracht haben. Dort treibt ein anderer zwischen den Eisschollen – sie reißen ihn im

Kreisel herum – packen ihn wie mit Zangen – zerdrücken ihn – stoßen ihn hinunter – sieh nur, sieh!"

Jurgeitis schien sie gar nicht zu hören. Er starrte mit fieberhafter Erwartung immer auf den Gegenstand drüben hin. „Nun, nun! Nein, noch nicht – wieder vorbei! Ah – das, das kann helfen – ein Ruck, noch ein Ruck! Faßt ihn, packt ihn, hebt ihn – noch ein Ruck! Hurrah – so war's gut! Hurrah!"

Seine Brust keuchte, und der Fensterpfosten zitterte unter dem Drucke seiner Hand. Else wendete den Kopf nach ihm um. In diesem Augenblicke aber bewegte sich drüben in der Ferne eine dunkle Masse. Da stand des Fischmeisters Haus... Ohne Zweifel es bewegte sich, schwankte, wurde von den ringsum gelagerten Eisschollen seitwärts geschoben.

„Vater, was ist das!" schrie sie auf. „Das Haus bricht zusammen – barmherziger Gott! – Das feste Haus!"

Er schlug eine helle Lache auf. „Das feste Haus – ja, ja! – Des Kapitäns Haus steht auf hölzernen Pfählen – ha, ha, ha! – fußdick, fest eingerammt. Noch ein Ruck – da – bauz! Nieder mit dem Satan, nieder, nieder!"

Das Haus senkte sich, aber nur wenig. Es schien auf den Eisschollen festzusitzen. Keine Minute lang. Dann hob es sich wieder mit diesen, schwankte wie ein Schiff, erhielt einen Stoß, einen Gegenstoß und drehte sich halb um sich selbst. Eben brach der Sturm von Neuem los, legte sich mit voller Wucht dagegen, riß es mitsammt den Schollen vom Ufer ab und warf es mitten auf den Strom, mit dem es nun forttrieb. Es war eine wundersame Erscheinung, das Haus so heranschwimmen zu sehen, von den Eismassen getragen. Aber sie trugen nicht lange die überschwere Last. Eine Scholle nach der anderen bröckelte ab, der hintere Giebel senkte sich, dann der vordere; das Haus legte sich auf die Seite, richtete sich noch einmal auf, und nun, mitten im breiten Strome, geradeüber der Kathe des Jurgeitis, sank es plötzlich in die sich rings aufbäumenden Schollen hinein, stieß krachend auf den Grund, wurde noch eine kurze Strecke geschleift und saß dann fest. Else hatte die Hände über die Augen gedeckt und den Kopf zwischen die Schultern gezogen. Als sie wieder aufblickte, stand das Haus bis über die Hälfte der Wände im Wasser. Die Wellen schlugen in die Fenster hinein. Mächtige Eisblöcke jagten unaufhörlich vorüber, stießen an, schoben sich dahinter zusammen, lösten sich wieder mit Gekrache und rissen große Stücke der Holzverkleidung mit sich fort.

Keine Stunde konnte dem Anscheine nach der erschütterte Bau dem wüthenden Angriffe der sturmgepeitschten Wogen Stand halten. Hatten die Bewohner sich rechtzeitig retten können? Aber wie hätten sie die Gefahr ahnen sollen? So schweren Eisgängen hat das Haus schon oft genug getrotzt. Und da öffnete sich auch oben im Giebel ein Fenster – der Arm schien es gegen den Sturm nur mit Mühe halten zu können. Der Kopf des Kapitäns erschien. Schrie er etwas hinaus, so waren die Worte jedenfalls nicht verständlich. Nun winkte er mit einem Tuche – der Wind riß es ihm aus der Hand. Von hinten her wurde ihm ein anderes gereicht. Er winkte und winkte, aber Niemand schien es bemerken zu wollen. Ein Hagelschauer rasselte ihm entgegen; er mußte das Fenster schließen, wahrscheinlich waren ihm die Hände ganz erstarrt.

„Der Fischmeister muß schwimmen!" schrie der Littauer. „Es hilft ihm nichts, er muß schwimmen! Aber an's Ufer kommt er nicht – das Eis schlägt ihm den Hirnschädel ein – er muß ersaufen wie ein Hund! Heissa, ersaufen!"

Nun wurden an der dem Sturm abgewendeten Seite Dachpfannen ausgehoben und hinabgeworfen. Durch das Loch kroch Grünbaum, schaute nach allen Seiten aus, legte die Hände wie ein Sprachrohr an den Mund und winkte mit den Armen. „Ja, winke nur", rief Jurgeitis, „winke nur! Es sehen

Dich Viele, aber es holt Dich Keiner hinüber an's Ufer. Du mußt Wasser schlucken! Wer wagt sein Leben für so einen Teufel? Winke nur, winke! Es kann kein Kahn hinaus vom Moosbruch. Du hast genug die Menschen gequält; es ist aus mit Deiner Macht und Herrlichkeit, aus – aus – aus!"

Ein krachender Ton ließ sich vom Fluß her vernehmen; das Haus mußte von unten her durch das Grundeis einen neuen Stoß erhalten haben, der das Gefüge der Balken lockerte. Am Giebelfenster wurde eine weibliche Gestalt sichtbar, die verzweifelt die Hände rang. „Und ich wag's doch!" sagte Else plötzlich entschlossen. Sie griff nach dem Ruder, das in der Ecke stand.

Jurgeitis legte rasch seine Hand auf ihren Arm. „Bist Du toll?" schrie er sie an. „Was willst Du thun?"

„Es ist Christenpflicht, Vater."

„Christenpflicht? Was weiß er von Christenpflicht gegen uns Littauer? Er ist ein Deutscher, er ist ein Herr, er ist ein Beamter –"

„Vater, sein Leben ist in Gefahr! Und das Fräulein – und die alte Magd…"

Jurgeitis versuchte, ihr das Ruder zu entreißen. „Du sollst nicht! Mag sie doch ersaufen, die ganze Höllenbrut mit dem Teufel! Arm und elend hat er mich gemacht – ohne Erbarmen jagt er mich jetzt vom Moosbruch! Wenn ich an seiner Thür bettle, wird er mich mit dem Fuße fortstoßen – das ist Gottes Strafgericht."

Else hielt die Ruderstange mit starker Hand fest. „Gottes Strafgericht, Vater? Hast Du nicht dazu geholfen in den langen Winternächten?" Es kam ihr plötzlich die Ahnung, was sein Ausbleiben bei Nacht bedeutete.

„So ist's meine Rache!" rief er, und aus seinen Augen loderte wildes Feuer. „Meine Rache! Für all' das Unrecht will ich mich rächen. Wenn ich ein Bettler bin, er soll es nicht mit ansehen – er soll mich nicht höhnen. In den Grund mit ihm! Die Pfähle habe ich durchgesägt, das war meine letzte Arbeit! An die will ich denken, wenn ich mich durch's Land bettle, wenn ich irgendwo am Zaun liegen bleibe und sterbe. Ich sage Dir, Du bleibst! Ich lasse Dich nicht fort!"

„Und ich gehe doch!" entschied Else. „Soll ich Deine Seele mit solcher Sünde beladen lassen? Willst Du drei Menschenleben auf dem Gewissen haben? Halte mich nicht – ich muß!"

Sie rangen miteinander. Else war die Stärkere; sie entwand ihm das Ruder und eilte damit hinaus.

Oft tief einsinkend in das schlammige Moorland, gelangte sie zum Graben. Sie sprang in den Kahn und schob ihn mit der Stange durch das noch nicht überall flüssige Schneewasser bis zum Fluß. Hier begann der Kampf mit den zusammengeschobenen und treibenden Eisschollen, mit Sturm und Wogendrang. Wie eine Nußschale tanzte der Kahn auf dem schäumenden Wasser; wie ein Aal wand er sich durch die schmalen, sich in jedem Augenblick verändernden Fahrstraßen. Bald trieb ihn Else mit kräftigen Ruderstößen vorwärts, daß die Wellen vorn hoch aufspritzten, bald stieß sie die andringenden Schollen mit der Stange, oder auch mit dem Fuß übertretend, zur Seite. Manchmal wurde sie eine Strecke mitgerissen, oder es schien, als ob ein Eisberg über sie hinwegrollen wolle, dem wegen der sperrenden Massen nicht zu entrinnen war; aber ihre Kraft und Geschicklichkeit fanden immer wieder einen Ausweg. In der Nähe des gesunkenen Hauses zeigte sich die Strömung am stärksten. Vergebens kämpfte sie Minutenlang gegen sie an; immer neue Eisschollen sperrten den Zugang. Und schon fühlte sie ihren Arm matter werden. Da hörte sie vom Giebelfenster her den Nothschrei der geängstigten Frauen. Grünbaum lehnte sich hinaus, eine aufgewundene Leine in der Hand haltend, zum Werfen bereit. Das gab ihr frischen Muth. Mit äußerster Kraftanstrengung stemmte sie sich gegen das Ruder; einen Augenblick war das Wasser vor ihr eisfrei – den benutzte sie, die Spitze des Kahnes scharf gegen das Haus zu kehren. Er schwankte heftig, nun mit der vollen Breitseite gegen den Strom gewendet – aber da fiel auch die Leine wohlgezielt über sie hin. Sie warf das Ruder weg, ergriff sie und zog sich ans Fenster heran.

„Gott sei gelobt!" rief der Fischmeister. „Du bist ein kreuzbraves Mädchen, Else – das soll Dir nicht vergessen sein! Nun vorwärts! Erst dies in Sicherheit."

Er warf seine Rechnungsbücher und Scripturen, die er bereits für alle Fälle zwischen kurzen Bretterstücken „zum Schwimmen" zusammengebunden hatte, in den auf- und abtanzenden Kahn hinab. „Nun die alte Person!"

Die Magd beeilte sich in ihrer Todesangst, diesem Befehl nachzukommen, hielt sich am Fensterpfeiler fest und ließ sich in's Boot fallen, als dasselbe ihre Füße berührte. „Jetzt Julie!" rief Grünbaum.

Julie schien vom Schreck wie gelähmt zu sein. Sie stand zitternd da, kreidebleich im Gesicht, und ließ unruhig den Blick vom Fenster zur Thür schweifen. Ihre Lippen waren blau gefärbt, und ihre Finger zuckten, wie von einem Krampf erfaßt. Ihr Vater faßte sie beim Arm und suchte sie an's Fenster zu schieben; aber schon nach dem ersten Schritt leistete sie Widerstand. „Was zögerst Du?" fragte er; „es ist keine Minute Zeit zu verlieren."

Sie brach in Thränen aus. „Ich kann nicht fort, Vater!"

„Dummes Zeug! Beeile Dich! Der Sprung in den Kahn ist nicht gefährlich; ich halte ihn an der Leine fest."

„Nicht deshalb... Aber ich kann nicht – weiß Gott, ich kann nicht!"

„In drei Teufels Namen, mache mich nicht ärgerlich..."

Sie sank plötzlich, wie ganz gebrochen, vor ihm auf den Boden nieder und umfaßte seine Kniee. „Ich kann nicht allein, Vater... Es ist noch Einer im Hause –"

Mit einem heftigen Ruck des Körpers machte er sich von ihr frei. „Noch Einer...? Wer?"

„Vater, ich habe mich schwer vergangen..."

„Wer – wer?"

„Tödte mich, aber rette ihn... Der Jäger Edmund Görich..."

Grünbaum schlug sich mit der Faust gegen die Stirn und stieß einen ächzenden Laut aus. So stand er eine Secunde lang unbeweglich, eine schreckliche Secunde lang. Unter ihnen brodelte und gurgelte das Wasser; beim Anstoßen der Eisschollen bebte das ganze Haus, daß die Dachbalken knickten und knackten; draußen rief die Magd: „Eilt, eilt! Wir können uns so lange nicht halten!" Der Fischmeister schien mit einem Entschluß zu kämpfen und nicht mit sich einig zu werden.

Endlich sagte er mit schneidender Kälte, indem er das Mädchen bei Seite schob: „So hole ihn – wie eine Katze im Sack will ich ihn nicht ersaufen lassen. Man findet ihn ja doch, und die Schande..."

Julie hörte nicht mehr, was er sprach. Sie war aufgesprungen und hinausgeeilt, hatte eine Kammerthür aufgerissen und hineingerufen: „Komm! Wir retten uns!"

Der schon auf den Tod gefaßte junge Mann ließ sich willig von ihrer Hand fortziehen. Beim Anblick des Alten erschrak er heftig. „Herr Fischmeister..." stotterte er.

„Bube!" knirschte der Kapitän, „das kostet mein Leben. Aber fort jetzt, fort! Es ist keine Zeit zum Lamentiren. Fort, sage ich!"

Er stieß ihn gegen die Schulter nach dem Fenster hin, Görich, der einsah, daß jetzt jedes Wort der Abbitte schlecht angebracht sei, sprang ins Boot hinab und half Julie, der die Kraft versagte, sich mit den Händen an dem Fensterpfeiler zu halten, indem er sie umfaßte und hinabzog.

Der Fischmeister warf einen Blick hinaus. „Das Boot ist

voll!" rief er. In demselben Moment ließ er die Leine los. „Vorwärts! Ich bleibe."

Julie schrie auf und sank ohnmächtig nieder. Schon hatte die Strömung den Kahn fortgerissen; zwischen ihn und das Haus schoben sich die Eismassen. Else versuchte es mit allem Kraftaufwand, sich ihm noch einmal zu nähern – ganz vergebens. Der Kahn war jetzt zu schwer belastet. Es konnte auch kein Zweifel sein, daß der Fischmeister sich nicht hatte retten wollen; denn an Raum für ihn fehlte es nicht. So hielt sie nun, um den Kahn nicht in die äußerste Gefahr zu bringen, auf das Land und erreichte wirklich eine Strecke stromaufwärts nach unsäglichen Mühen das Ufer, wo sie von den Leuten, die zu Fuß auf den Dämmen, oder zu Kahn auf den Gräben herangeeilt waren, mit Jubelrufen empfangen wurden. Dann lief die Frage um: „Aber der Fischmeister – wo ist der Fischmeister?" Man wunderte sich auch wohl darüber, den Forstgehülfen im Boot zu sehen, fragte aber immer wieder nach dem Fischmeister.

Julie war schon auf dem Wasser zu sich gekommen, hatte aber über den Bord starrend dagesessen, ohne ein Wort zu sprechen oder auch nur einen Laut hören zu lassen. Auf die freundlichen Zureden Görich's schien sie gar nicht zu achten; seine Hand, mit der er sie an sich zu ziehen suchte, schob sie zurück. Nun auf dem Lande umfaßte sie Else und rief: „Rette meinen Vater! Ich will nicht leben, ich kann nicht leben, wenn er ertrinkt."

Else hielt noch das Ruder in der Hand; sie war sehr erschöpft, und ihre Brust athmete stürmisch von der übergroßen Anstrengung. „Aber wie kann ich..." sagte sie leise; „jetzt noch gegen den Strom?" Wir sind weit abgekommen..."

„Rette meinen Vater!" flehte Julie. „Meinetwegen ist er zurückgeblieben. Oh Gott, was habe ich gethan? Mein ganzes

Lebenlang kann ich nicht mehr ruhig werden. Er straft mich fürchterlich! Else, wenn er mit dem Hause versinkt ... es macht mich wahnsinnig. Diese Angst, die ich ausgestanden habe schon drei Tage lang! Er war in der Frostnacht gekommen und konnte am Morgen nicht mehr fort ... ich ließ ihn nicht fort. Mein Vater wußte nichts, und erst im letzten Augenblick... Else, rette meinen Vater!"

Else stützte sich mit beiden Händen auf das Ruder; sie schien sich nur mühsam auf den Füßen zu halten. Mitleidig sah sie das Fräulein an, das vor ihr die Hände rang; aber ein tröstliches Wort konnte sie nicht sprechen. „Ich möchte wohl", sagte sie mit gepreßter Stimme, „aber es ist jetzt unmöglich."

Julie wandte sich den umstehenden Leuten zu. „Rettet meinen Vater!" bat sie, „ich will's Euch danken, wie ich kann." Der Jäger bot Geld. Aber die Männer zuckten die Achseln. „Uns ist auch das Leben lieb", hieß es; „man soll nicht Gott versuchen, und für den da..." Es war ja der verhaßte Fischmeister, für den man sich in Gefahr bringen sollte.

Julie kehrte zu Else zurück und griff nach dem Ruder. „Dann will ich selbst..."

„Das ist Tollheit, Du bringst den Kahn nicht zehn Schritte weit durch das Eis."

„Aber es muß etwas geschehen –"

„Warte noch eine Minute – die Kräfte kehren mir schon zurück."

„Else, gute Else, Du willst es versuchen?"

„In Gottes Namen!"

Die Nachbarn mahnten ab, wollten sie zurückhalten. Aber sie war nun schon fest in ihrem Entschluß und achtete auf deren Warnungen nicht. „Was liegt auch an mir?" sagte sie zu Julie, die ihr folgte. „Du hast Deinen Schatz, aber ich... Dachte ich's doch gleich, daß es der Jäger wäre. Wenn ich nicht wiederkomme – grüße den Endrik."

Sie stieg in den Kahn und stieß ab.

In diesem Augenblicke wurde von der rechten Seite her ein gellender Schrei vernommen. Dort stand Jurgeitis, ohne Kopfbedeckung, auf einem Baumstubben in drei- oder vierhundert Schritt Entfernung vom Landungsplatz. Seine bloßen Füße und Waden waren mit einer Kruste von Moorerde bedeckt. So weit hatte er sich durchgearbeitet; nun aber hemmte ihn ein breiter, offener Graben, der an den Nachbarhäusern vorbeiführte. Mit gespannter Aufmerksamkeit hatte er das Boot mit den Augen verfolgt, das seine Tochter trug. Als es sich wieder dem Lande näherte, war er in die Knie gesunken und hatte die Hände zum Himmel aufgehoben. Und dann – unter den Geretteten war der Fischmeister nicht. „Er muß doch daran glauben", murmelte er mit verbissenen Zähnen. Da geschah das ganz Unerwartete: Else begab sich noch einmal auf's Wasser. Der Schreck darüber preßte ihm den wilden Schrei aus.

Else war nicht mehr zurückzurufen. „Sie fährt in den Tod!" rief er verzweifelt. „Mein Kind – mein einziges Kind! Und ich – ich – ich! Nein! Und wenn ich selbst den Teufel da heraus holen müßte, sie soll sehen, daß sie einen Vater hat – sie soll umkehren. Zweimal – das kann kein Mensch leisten! Sie soll... Ihr nach!"

Er lief am Graben entlang bis zum nächsten Hause und machte das dort liegende Boot flott. Der Nachbar reichte ihm ein Ruder. Bald kämpfte auch er gegen die Eisschollen, die sich wieder dichter am Ufer zusammengeschoben hatten.

Else aber war ihm weit voraus. Sie sah auch nicht hinter sich, sondern setzte links mit aller Kraft das Ruder ein, um die Strömung zu bewältigen. Ihre Arme wurden matt, aber sie dachte immer an Endrik, und das gab ihr frischen Muth. Doch dauerte es länger als eine Viertelstunde, bis sie das Haus erreichte, das sich inzwischen schon bedenklich auf die

Seite gelegt hatte. Ein Brett war am Giebel ausgedrängt, und an dem hielt sie sich mit beiden Händen fest. „Herr Kapitän, Herr Kapitän!" rief sie hinauf.

Grünbaum sah durch's Fenster. „Donnerwetter! Plagt Dich..."

„Schnell, Herr Kapitän, das Brett hält nicht lange den Gegendruck aus –"

„Aber Du hörst doch, ich will nicht! So mit Schimpf und Schande..." Er unterbrach sich plötzlich, streckte den Arm aus und rief: „Element! Wer ist denn das dort? Gott soll mich strafen, der Jurgeitis! Er steckt im Eise fest – die Scholle schiebt sich unter's Boot... Backbord, Backbord, dummer Kerl! Wahrhaftig, er schlägt um. –"

Mit einem mächtigen Satz durch's Fenster sprang der Kapitän in den Kahn unten, nahm dem zitternden Mädchen das Ruder aus der Hand und arbeitete sich durch die hochaufspritzenden Wogen. Eine neue Sturmwolke brauste schwarz heran. Hinter ihnen brach das Haus zusammen.

Aber Else hörte und sah nichts davon. Sobald der Fischmeister ihres Vaters Namen genannt, hatte sie umgeschaut und mit einem Blick die Gefahr erkannt, in der er schwebte. Grundeis mußte das Boot gehoben und auf die Seite geworfen haben; es gehorchte dem Ruder nicht mehr. Und nun holte es ein breites Schollenfeld ein, stieß mit ganzer Wucht dagegen, brach die Bordplanke ein, drückte es nieder und warf den Fährmann kopfüber hinaus. Jurgeitis überschlug sich mit dem Ruder und versank in der Tiefe. Das Wrack kehrte die Spitze aufwärts und schwamm mit dem Eise, in das es eingekeilt war.

Der Fischmeister war nicht mehr fünfzig Schritte von der Stelle entfernt, als das geschah. „Dem ist nicht zu helfen", sagte er, Athem schöpfend. Else war starr vor Entsetzen. Nach einer Weile erst brach sie in laute Wehklagen aus.

Da tauchte etwas Dunkles neben dem Kahne auf. Grünbaum griff danach, indem er zugleich das Ruder unterstemmte. „Mein Vater!" schrie Else. Beide zogen den regungslosen Körper hinein. Kein Zweifel: Jurgeitis war ertrunken.

Am Lande wurden vergebliche Versuche angestellt, den Todten in's Leben zurückzubringen.

Was hatte sich nun inzwischen in Gilge ereignet? Wie kam es, daß Endrik den ganzen Winter durch von sich nichts hören ließ? War er wirklich mit seiner Mutter völlig ausgesöhnt, wie im Karolinenbruch das Gerede ging?

Keineswegs. Sie hatten nur, mehr stillschweigend, als ausdrücklich, eine Art von Waffenstillstand miteinander geschlossen, wobei jeder meinte, seine Position festhalten zu können, in der Hoffnung jedoch, daß der Andere jetzt weniger eigensinnig sein und mit der Zeit, wenn nicht in Allem, so doch in wichtigen Punkten nachgeben werde. Der Frieden war ihnen beiden mehr Bedürfniß, als sie sich und ihren Freunden zugestehen wollten; aber es fand sich nicht so leicht eine Formel dafür, die Jedem Recht gab, und Recht mußte natürlich Jeder haben.

Als Frau Grita Endromeit hörte, daß ihr Sohn in's Dorf zurückgekehrt sei, war sie innerlich recht froh darüber gewesen. Er war trotzig fortgegangen und fand sich nun wieder, ohne gerufen zu werden, in der Heimath ein; das sah doch aus wie ein Schritt rückwärts und zugleich ein Schritt entgegen. Endrik war aber gar kein verächtlicher Gegner; er hatte ihr tüchtig zugesetzt. Wenn sie ganz ehrlich sein wollte, es imponirte ihr doch gewaltig, daß der „Junge", den sie gemeint hatte, ganz nach ihrem Willen lenken zu können, sich nicht hatte einschüchtern lassen. Im Aerger sagte sie wohl dies und das, was ganz resolut klang und dann, womöglich in noch schrofferer Fassung, im Dorfe herumgetragen wurde; aber mit sich allein war sie meist recht kleinlaut. Wer da meinte, daß Labuttis ihrem Herzen irgend etwas angethan habe, der war in großem Irrthum. Nicht einmal die Annahme traf zu, daß sie ihm in geschäftlichen Angelegenheiten volles Vertrauen schenkte. Er selbst wußte am besten, wie mißtrauisch sie ihn auf Schritt und Tritt beobachtete und mit wie wenig Respect sie ihn behandelte, wenn sie mit einander allein waren. Er mußte immer schleichen und schmeicheln, wie ein Kätzchen, während sie allemal grob zufuhr. Sie meinte wohl, ihr Sohn könnte es am Ende dazu bringen, daß sie ihm zum Tort den Schulmeister heirathete, aber mit Eifer war sie keineswegs darauf aus. Da war es ihr denn ganz recht, daß Endrik zurückkam, um aufzupassen. Sie konnte nun ruhiger schlafen.

Mutter und Sohn waren einander zuerst nach der Kirche auf dem Kirchhofe begegnet. Sie trafen am Grabhügel des Endromeit zusammen. Das schien ganz zufällig so zu kommen, und doch gab es keinen Ort, an dem ein Treffen zu dieser Zeit so wahrscheinlich war, so daß man einen besseren gar nicht hätte verabreden können. Der Sturm hatte den kleinen Vogel von seinem Drahtgewinde herabgeworfen, und Endrik suchte ihn wieder daran zu befestigen. Seine Mutter fand nun die günstigste Gelegenheit, ein Gespräch anzuknüpfen, indem sie den Tischler, den schlechten Menschen, schalt, der ihr so viel Geld abgenommen und doch schlechtes Material verwendet habe. Der eine der beiden größeren Vögel sitze auch nicht mehr fest. Und die Farbe sei auch schlecht aufgetragen, meinte Endrik; das Holz hätte erst tüchtig grundirt werden müssen.

Gerade so hätten sie auch mit einander hier sprechen können, wenn nichts vorgefallen gewesen wäre. Und dann sagte die Witwe, hinabdeutend: „Wenn der noch lebte, so wäre Manches anders."

Und er antwortete: „Ja, es wäre Manches anders, wenn der

noch lebte." Sie wischte sich mit dem Sacktuch über die Augen, und er that das Gleiche mit dem Rücken der rechten Hand. Die Predigt und der Kirchengesang hatten sie beide weich gestimmt.

„Es ist mir gar nicht so sehr um eine zweite Heirath, wie die Leute meinen und ausschreien", bemerkte sie.

„Und ich mache mir aus Streit und Zank gar nichts", warf er ebenso hin; „es läßt sich nur nicht ausweichen, wenn man gezwungen wird."

So stockte nun das Gespräch, und doch verließ Keiner seinen Platz.

„Wenn Du einmal nach den Kähnen und Netzen sehen wolltest, Endrik", begann sie nach einer Weile wieder. „Der Labuttis versteht von der Fischerei gar nichts und läßt Alles zu Schanden gehen."

„Das glaub' ich", entgegnete der Sohn. „Wie soll der Schullehrer etwas von der Fischerei verstehen? Er hat nicht einmal sein Amt gut verwaltet und ist abgesetzt worden."

„Aber er versteht gut zu schreiben und zu rechnen", sagte sie, „und ist sonst sehr brauchbar."

Endrik warf den Kopf zurück. „Er schreibt manchmal allzu scharf, und wem er zu Gunsten rechnet, kann man doch nicht wissen."

„Ja, man muß ihm auf die Finger sehen. Geld vertrau' ich ihm allemal ungern an."

Darauf erwiderte er nichts.

„Du kommst also wegen der Kähne", sagte sie zuletzt; „der große muß auf's Land und neu kalfatert werden." Damit ging sie fort.

Er war nun doch in's Haus eingeladen worden und vergab sich nichts, wenn er im Hafen arbeitete und die Netze über dem Feuerraume revidirte.

So schien es sich dann auch ganz von selbst zu verstehen,

daß er mit den Knechten auf das Haff hinaus fuhr, so lange das Wasser offen war, und später die Winter-Fischerei leitete, als das Eis fest lag. Seine Mutter ließ ihn da ganz selbständig schalten und walten und erlaubte sich keine Einrede oder Weisung, was sicher nicht geschehen wäre, wenn er sich nie vom Hause entfernt gehabt hätte. Nun meinte sie sich vorsichtig zurückhalten zu müssen, daß er sich nicht wieder verstören lasse. Wenn ihn die Nachbarn wegen seiner Tüchtigkeit und Umsicht rühmten, so hörte sie das gern.

Und als der Fischmeister einmal ansprach und sagte: „Der Endrik versteht die Fischerei, wie der erfahrenste Wirth; das muß man ihm lassen", da schmunzelte sie geschmeichelt und antwortete: „Ja, Herr Kapitän, er hat etwas gelernt bei seinem Vater, und was die Ordnung und Wachsamkeit angeht, da hat er an mir stets ein gutes Beispiel gehabt. Wir könnten uns ganz gut vertragen, wenn er nicht so ein Dickkopf wäre. Und in Richtigkeit mit einander sind wir auch noch nicht – das sag' ich im Vertrauen. Es will nur Keiner in's Wasser blasen, daß es Wellen schlägt. Herr Du mein Gott, wie muß ich mich in Acht nehmen und bin doch die Mutter und die Wirthin! Na, vielleicht sieht er mit der Zeit noch ein, daß Alles zu seinem Besten war."

Sie merkte wohl, daß er die Else nicht besuchte, und nahm das für ein gutes Zeichen. Es gefiel ihr wenigstens, daß er so weit auf seine Mutter Rücksicht nahm und Aergerniß vermied. Aber viel war damit freilich nicht gewonnen. Wenn er in diesem Punkte nachgeben wollte, von dem doch aller Streit ausgegangen war, warum setzte er dann den Proceß fort? Und das that er mit der alten Hartnäckigkeit.

Wenn ein neuer Gerichtsbrief ankam, hatte Frau Grita tagelangen Verdruß. Dann war Labuttis wieder obenauf, wurde Mittags und Abends tractirt, mußte Bogen um Bogen vollschreiben. Dann schickte sie ihn auch fort, Holzankäufe zu besorgen oder Zahlungen zu leisten und ließ zur Nachbarin ein Wörtchen fallen, daß das Trauerjahr bald vorüber sei und zum Sommer dies und das geschehen könne. Es sei immer so viel Geld unterwegs, und wenn man ihm nicht nachlaufe, rolle es leicht fort. Das sei nichts für eine Wittwe, die mit ihrem Sohne processire.

Labuttis sah bei alledem sehr gut ein, daß sein Glück auf schwankenden Füßen stand. Bei allem Diensteifer und bei aller Großthuerei mit seiner Geschäftskenntniß konnte er es doch nicht dahin bringen, seine Stellung sicher zu befestigen. Wie er auch schmeichelte und streichelte und allen Launen gefügig nachgab, er erlangte doch kein Versprechen. Überzeugt, daß es der Wittwe mit der Heirath nicht Ernst sei, änderte er sein Ziel: es galt jetzt, möglichst viel Geld in die Hand zu bekommen, damit über die Grenze zu gehen und von drüben zur Sicherung seines Raubes unverschämte Entschädigungs-Forderungen für seine Dienste zu stellen.

Zu diesem Zwecke gab er sich den Anschein, als ob er mit russischen Juden ein ungewöhnlich großes Holzgeschäft einleiten wolle. In den Briefen, die er erhielt und vorlas, stand geschrieben, daß ein Edelmann von Wechselgläubigern verfolgt werde und deshalb seinen Wald niederschlagen lasse. Er verschleudere seinen Besitz, wenn er nur sofort bezahlt werde. Wer also baare Mittel flüssig habe, könne zu Spottpreisen kaufen und später bei offenem Wasser hundert Procent verdienen. Nur sei größte Eile nöthig; das Geld müsse in acht Tagen bereit liegen, je mehr, je besser.

Labuttis kannte die schwache Seite seiner Herrin: sie liebte das Geld und vermehrte es gern.

„Was bei diesem Geschäft gewonnen wird", zischelte er ihr in's Ohr, „das geht die Erben nichts an. Wir machen's für eigene Rechnung. Da ist einmal etwas im Großen zu verdienen und ohne alles Risico. Denn wenn das Holz bezahlt ist, so können wir's flößen, sobald wir wollen. Für tausend Thaler kaufen wir so viel, wie sonst für zweitausend, und ich wette darauf, nach einem Monate können wir's an Ort und Stelle dafür losschlagen. Eine solche Gelegenheit, reich zu werden, kommt nicht sobald wieder. Aber still muß die Sache gehalten werden, sonst sind auch Andere so klug – ganz still."

Frau Grita griff nicht sogleich zu; es schien ihr eine ängstliche Sache, Labuttis so viel Geld in die Hand zu geben. Aber sie wies ihn doch auch nicht ab und hatte eine sehr unruhige Nacht. Einen Augenblick ging es ihr durch den Kopf, ob sie nicht bei einer so wichtigen Angelegenheit ihren Sohn um Rath fragen solle. Ihr Stolz aber ließ es nicht zu. Und als dann Labuttis noch einen Eilbrief brachte und auf rasche Entscheidung drang, gab sie ihre Zustimmung und begnügte sich mit seinem Empfangscheine. Noch denselben Tag reiste er ab, das schöne Geld in der Tasche.

Nun wollte es aber der Zufall, daß wenige Tage darauf einer von den russischen Juden, auf welche Labuttis sich berufen hatte, nach Gilge kam, um dort die alten Geschäftsverbindungen zu befestigen. Er besuchte natürlich gleich zuerst die Wittwe Endromeit, die nicht wenig erstaunt war, zu hören, daß weder er noch seine Freunde an Labuttis Briefe geschrieben hätten, und daß von den Verlegenheiten des adeligen Gutsherrn drüben nicht das Mindeste bekannt sei; er dächte gar nicht daran, seinen Wald niederzuschlagen.

Frau Grita wurde bleich vor Schreck und dann blau vor Aerger. „Der Schurke hat mich betrogen", rief sie, „er hat mir mein Geld gestohlen! O, der nichtswürdige Schurke, der Dieb, der Räuber! Ist eine solche Lügenhaftigkeit in der Welt? Mein Geld – mein Geld! Meiner Kinder Erbe zu stehlen – mein Geld!" Sie riß die Mütze vom Kopfe und raufte ihr Haar, warf sich auf die Erde und lamentirte so gewaltig, daß alle Hausgenossen zusammenliefen.

Endrik versuchte lange vergebens, sie zu beruhigen.

„Der Dieb ist entwischt", jammerte sie, „über die Grenze entwischt. Es giebt keine Gerechtigkeit drüben – er besticht die Polizei und die Richter. Mit meinem Gelde besticht er sie, der Spitzbube, der Räuber! Mit dem gestohlenen Gut besticht er sie! O – o – o! ich Leichtgläubige, Betrogene!"

Endrik hatte Mitleid mit ihrem Kummer, und der Verlust ging auch ihm nahe. „Mutter", sagte er, „es wäre doch möglich, daß wir ihm den Raub abjagen. Ich kenne drüben viele von den Beamten, mit denen mein Vater zu thun gehabt hat, und sie sind ihm immer gern behülflich gewesen, weil er ihnen so manchen Rubel in die Hand gesteckt hat. Es ist ihnen daran gelegen, mit uns Holzhändlern auf gutem Fuße zu stehen, weil sie von uns eine sichere Einnahme haben. Vertraue mir also den Empfangschein an, damit ich mich ausweisen kann, und laß mich dem Schurken nachsetzen. Er ahnt nicht, daß er so bald schon ertappt ist, und wird sich nicht zu weit entfernt haben. Veitel Itzigsohn, hoff' ich, begleitet mich und zeigt mir zugleich das Holz, das er zu verkaufen hat. Ohne Verlust wird's nicht abgehen; aber das Ganze wollen wir doch nicht verloren geben."

Das war ein verständiger Vorschlag, und der Jude, der wohl wußte, daß die Wittwe ihre Mittel nicht erschöpft hatte, erklärte sich gern bereit, durch seine Verbindungen zu helfen. So wurde nun Endrik zur Reise ausgerüstet und fuhr mit ihm zu Schlitten sogleich nach der Grenze ab.

Es geschah dies nicht lange vor der Zeit, in die während des Schaktarp die geschilderten unglücklichen Ereignisse fielen. Endrik war also weit fort, als Else sich in Todesgefahr begab, um den Fischmeister und seine Familie zu retten. Sein Geschäft drüben war auch so schwierig, daß sich seine Rückkehr in Wochen nicht erwarten ließ. Bald nach Aufgang des Eises aber kam ein Brief an seine Mutter, worin Endrik berichtete, daß man Labuttis auf der Spur sei. Er halte sich zwar noch versteckt, mache aber durch Unterhändler schon Vergleichsvorschläge. Indeß sei er von der Polizei umstellt und könne nicht entweichen; hoffentlich gelinge es, ihm den größten Theil des Raubes abzujagen. Man erzähle, daß er für den schlimmsten Fall Waffen bei sich trage; wenn aber erst sein Schlupfwinkel ausgekundschaftet sei, sollten sie ihm nicht viel helfen.

Durch diesen Brief wurde die Stimmung der Wirthsfrau sehr verbessert. Sie zeigte ihn auch dem Fischmeister, als derselbe durch Gilge kam, um nach Abgang des Eises das Haff zu revidiren und die Zeichen legen zu lassen, und sagte dabei: „Der Endrik ist doch ein tüchtiger Mensch; das ist ihm nicht abzustreiten. Zwar hat er seinen Kopf für sich, und vernünftig mit ihm reden hält schwer. Aber wenn's gilt thätig einzugreifen und das Richtige zu treffen, da läßt er's nicht an sich kommen und vergißt allen Groll. Die Winter-Fischerei hat in vielen Jahren nicht so guten Ertrag gehabt, und wenn ich ihn jetzt nicht drüben hätte, wär' Labuttis längst auf und davon. Er ist von seines Vaters Art, und davon bringen wir ihn nicht ab. Wünscht man sich auch Manches anders bei den Kindern, zuletzt muß man doch zufrieden sein und sie nehmen, wie sie der liebe Gott bescheert hat."

Grünbaum seufzte tief und goß das Glas Portwein hinunter, das frisch eingeschenkt war. „Das ist leider ein wahres Wort, Frau Gevatterin", bestätigte er knurrig. „Den Teufel noch eins! Die lieben Eltern meinen immer, die Weisheit mit Löffeln gegessen zu haben, und hinterher machen die Kinder sie doch klug. Meine Julie... Ach, ich hätt' auf das Mädchen schwören mögen – und so was muß nun in meinem eigenen Hause passiren! Ich hatte gesagt: ‚ich will's nicht!' Und damit sei's denn nun auch aus, meint' ich. Ja, prosit die Mahlzeit – noch lange nicht. Wie's an Kopf und Kragen geht, da kommt's heraus. Ich glaubte, der Schlag sollt' mich auf der Stelle rühren. Aber der Mensch hat ein zähes Leben – wahrhaftig! Na, viel hat nicht gefehlt, dann hättet Ihr einen anderen Fischmeister bekommen. Wenn die Else nicht ganz toll gewesen wäre – was ist denn davon zu reden? Sie hat's gut gemeint. Und heut denk ich auch nicht mehr so, wie in dem Augenblick. Es hilft nichts, die Segel gegen den Wind zu stellen – man muß das Wetter nehmen, wie es kommt. Gegen den Görich, den Schlingel, ist sonst nichts zu sagen; er versteht sein Metier. Heraus ist's nun einmal, daß er im Hause gewesen ist; warum sollen die Leute erfahren, daß er in der Kammer gesteckt hat? Ist also Alles mit meinem Wissen und Willen geschehen, und nun steht das Brautpaar fertig. Man muß noch froh sein, daß es sich so gefügt hat. Wenn ich denke, was für ein Scandal... Noch ein Glas, Frau Gevatterin, und das letzte. Was soll man sich Gedanken machen?"

Frau Grita nickte eifrig mit dem Kopfe. „Ja – ja – ja! Das Fräulein... Du lieber Gott, wenn sich einmal Einer im Herzen festgesetzt hat! Und gleich und gleich gesellt sich gern. Wär' man vor einem Jahre so klug gewesen, es hätt' jetzt vielleicht Manches ein anderes Ansehen. Ja – ja – ja! Was ich sagen wollte, Herr Kapitän – also die Else hat sich wirklich so brav gehalten? Das freut mich. Denn sie ist doch in meinem Hause aufgewachsen, und ich hab immer große Stücke auf sie gehalten. Ist es denn wahr, daß sie die Medaille bekommen soll?"

„Berichtet ist deshalb an die Regierung", sagte Grünbaum, „und wenn's nach dem Rechten geht, wie ich nicht zweifle, bekommt sie das Ding am Bande, wie gebeten worden. Denn vier Menschen hat sie vom sichern Tode gerettet und ihr eigenes Leben nicht einmal, sondern zweimal auf's Spiel gesetzt wegen meines verdammten Eigensinns. Es standen da Männer genug am Ufer und sperrten das Maul auf, aber gewagt hat's Keiner. Das Mädel hat sie Alle beschämt. Daß die Sache auch schlimm ablaufen konnte, sieht man an Jurgeitis. Wie der zwischen das Eis kam und die Balance verlor, war's auch gleich aus mit ihm. Wer weiß, wozu es sonst gut ist! Aber die Else thut mir leid – ihr Vater war er doch einmal. Na – ich habe für sie geschrieben, Bogen um Bogen, und Alles nach der Wahrheit dargestellt, daß den Herren, wenn sie's lesen, ganz gruselig werden soll. Hilft's nichts, so ist's nicht meine Schuld."

„Der Vater des Krügers drüben", bemerkte die Frau, „hat einmal drei Fischer gerettet und dafür die Medaille bekommen. Und nach seinem Tode hat sein Sohn sie auf ein Blatt Papier gesteckt und unter Glas einrahmen lassen und in der Herrenstube an die Wand gehängt. Wenn nun ein Fremder kommt und fragt, was das zu bedeuten hat, so erzählt er die Geschichte, und die ganze Familie hat große Ehre davon. In Inse hat auch einer die Medaille; den hatten sie nach Tilsit geschickt, als der Kronprinz dort war und er hat gleich mit ihm gesprochen. Daß aber eine Frau oder ein Mädchen die Medaille bekommt, das ist gewiß sehr selten."

„Natürlich!" rief der Kapitän, „weil die Weiber selten so viel Courage haben, ihr Leben d'ran zu setzen, um Einem das Leben zu retten, der sie eigentlich garnichts angeht. Für den Mann oder Bräutigam springen sie allenfalls in's Wasser, wenn's nicht allzu tief ist. Na – 's mag auch im Allgemeinen in der Ordnung sein; aber wenn alle Jubeljahre einmal etwas Außerordentliches passirt, soll's auch anerkannt werden. Uebrigens ist es, recht von vorn angesehen, verdammt egal, ob sie den Orden bekommt oder nicht; denn gethan hat sie doch, was sie gethan hat, und der liebe Gott wird es ihr schon anrechnen. Wenn ich nicht ein so alter Knabe wär, wissen Sie, was ich thäte?"

„Ach, Herr Kapitän..."

„Ja, wahrhaftig, das thät' ich! Else, sagt' ich, ich heirathe Dich. Hm – es wär freilich noch die Frage, ob sie mich wollte."

„Und wo wird sie nun bleiben?"

„Das arme Frauenzimmer! Ja, vom Moosbruch muß sie fort. Ich glaube, sie hat das kleine Haus schon unter der Hand verkauft. Ist sie eigensinnig, so kann ich ihr nicht helfen; wenn sie aber zu mir kommen will, soll sie gehalten werden, wie mein eigenes Kind. Einen Sack voll Geld kann ich ihr leider nicht schenken."

„So – so – so –" knurrte die Alte; „nun – es wird sich ja etwas für sie finden." Sie schenkte Grünbaum noch einmal das Glas voll und fing wieder an, von Endrik zu sprechen. Sie begleitete den Fischmeister hinaus bis zum Hafen und wechselte mit ihm noch Worte, als er schon seinen Kutter hinausschob. Es war, als ob sie noch etwas auf dem Herzen hätte, das gern herunter wollte und doch nicht konnte.

In den nächsten Tagen war sie voll geschäftiger Unruhe und keineswegs in angenehmer Stimmung. Dann kam wieder ein Brief von Endrik, in dem er schrieb, daß sie den Schulmeister gefaßt hätten. An dem Gelde, das sie ihm abgenommen, fehle noch nicht viel. In der Nacht habe man ihn in seinem Versteck überrascht und er sei frech genug gewesen, auf seine Angreifer mit einem Revolver zu schießen. Er habe aber im Dunkeln schlecht gezielt, und der Streifschuß am linken Arm wolle nicht viel bedeuten.

Nun schien Frau Grita rasch zu einem Entschlusse zu kommen. Sie ließ das große Boot ausrüsten und mit Lebensmitteln für zwei Tage versehen, ordnete im Hause die Wirthschaft für die Zeit ihrer Abwesenheit und sagte den Knechten, sie wolle nach Nemonien gefahren sein. Dort blieb sie aber nicht, sondern kommandirte die Weiterreise stromauf. Erst bei der Schenke am Moor ließ sie anlegen, und dort fragte sie, wo des

Jurgeitis Kathe auf dem Moosbruch sei. Sie fand sich leicht zurecht. Als sie aber an der Thür stand, zögerte sie doch eine ganze Weile, bis sie klopfte, und ihre Stirn war so voll Runzeln, daß sich von ihrem Besuche nicht viel Freundschaftliches erwarten ließ.

Else saß am Spinnrocken und summte ein schwermüthiges Lied vor sich hin, während die alte Frau am Herde stand und im Kessel rührte. Als die Wittwe eintrat, stand sie auf, behielt aber den Faden in der Hand. Ihr bleiches Gesicht röthete sich ein wenig, und die Fußspitze suchte den Pantoffel, der unter den Rocken geschlüpft war. Auch Frau Endromeit ging nicht sogleich auf sie zu, sondern verweilte an der Thür und rückte ihr Tuch zurecht. Sie nickte nur mit dem Kopfe, worauf die alte Frau am Herde gleichfalls mit einem Kopfnicken antwortete. Endlich sagte sie:

„Na, guten Tag, Else."

„Guten Tag, Frau", gab das Mädchen ihr zurück.

„Du hast anderen Besuch erwartet."

„Ich – ich dachte nicht, daß Du es sein würdest."

„Ja, es hat sich so gemacht."

Das schien Else zu genügen. Sie wischte mit der Schürze über die Platte eines Stuhles und lud damit zum Sitzen ein. Dann ging sie zu der alten Frau, zischelte ihr etwas in's Ohr und legte ihr ein Geldstück in die Hand. Frau Grita, die es sich inzwischen bequem gemacht und ihren Korb neben sich an den Stuhl gestellt hatte, folgte mit den Augen allen ihren Bewegungen.

„Meinetwegen kannst Du Dein Geld sparen", sagte sie. „Es ist möglich, daß ich bald wieder gehe. Wenn ich aber doch länger bleibe, esse ich von Deiner Suppe mit, und die Zuthat hab' ich hier für Dich in den Korb gepackt. Du wirst doch nicht so stolz sein und Dich weigern, von mir etwas anzunehmen."

Ohne eine Antwort abzuwarten, bückte sie sich seitwärts, packte aus dem Korbe zwei Würste und ein Stück Speck aus und legte sie auf den blaugestrichenen Kasten nebenan. Es schien sich nun ganz von selbst zu verstehen, daß die Alte den Auftrag nicht weiter ausführte. Else dankte aber auch nicht, sondern setzte sich an den Spinnrocken und wartete ab, was sich ergeben werde.

„Ich höre, daß es Dir schlecht gegangen ist", begann darauf die Wirthsfrau.

„Ja", sagte Else, „mein Vater ist gestorben."

„Und Du mußt vom Moosbruch fort."

„Ja, ich muß nächste Woche räumen."

Frau Endromeit schaute sich um. „Das Haus ist freilich schlecht –"

„Für arme Leute ist's gut genug. Es kostet auch nicht viel."

„Bist Du mit dem neuen Pächter schon ganz einig?"

„Ja. Aber ich muß ihm das Meiste stehen lassen. Er hat selbst wenig und will's erst aus dem Lande herausbringen."

„Das ist eine unsichere Sache."

„Allerdings. Aber wenn ich das Haus abbreche, bekomme ich noch weniger beim Verkauf, und der Mann hat vier kleine Kinder und kann doch nicht unter freiem Himmel hausen."

„Das ist wahr."

Damit brach das Gespräch ab. Else schob den Rocken zurecht und drehte das Rad. Der Faden riß aber bald.

„Das war wohl ein schweres Stück Arbeit", fing nach einer Weile der Gast wieder an, „beim Eisgange mit dem Kahne über den Fluß zu kommen?"

Das Mädchen lächelte kaum merklich. „Ich weiß damit umzugehen."

„Wo saß denn der Fischmeister fest?"

Else zeigte aus dem Fenster hinaus. „Dort! Die Ziegel vom Schornsteine und die Dachpfannen liegen noch im Wasser; man erkennt's an der Strömung."

„Ja, jetzt sieht's nicht gerade gefährlich aus. Aber der Herr Fischmeister hat Dir großes Lob ertheilt, und es freut mich, daß Du Dich in der Noth so brav gehalten hast. Wie war das denn eigentlich mit dem Forstgehülfen Görich?"

„Ich weiß nicht – er war da. Was kümmert's mich?"

„Hm, das Fräulein hat's nun bei ihrem Vater durchgesetzt. Sie sind Brautleute."

„Es soll so sein." Das Rad kam in schnellere Bewegung.

Wieder eine Pause in der Unterhaltung, diesmal eine recht lange.

Frau Endromeit hüstelte. „Hat Dir denn der Herr Kapitän schon gesagt, daß er Dich zu sich nehmen will?"

„Er hat davon wohl gesprochen. Aber ich gehe nicht zu ihm."

„Du gehst nicht? Wo willst Du dann aber bleiben, Else?"

Das Mädchen wischte eine Thräne aus dem Augenwinkel fort.

„Ich will weit weg von hier in eine ganz andere Gegend – so weit als möglich."

„Weshalb aber?"

Else sah sie mit großen Augen fest an. „Weshalb?"

„Ich meine nur…" Sie hustete wieder. „Hör' mal, Else, ich will Dir einen Vorschlag machen. Unter den Fremden wird es Dir nicht gefallen, und wenn Du sonst nichts Besseres weißt – komm wieder in mein Haus zurück."

Das war freilich ein sehr überraschender Vorschlag. Else glaubte, nicht recht gehört zu haben.

„In Dein Haus?"

„Nun ja, ich sag's ja: in mein Haus! Es kann meinetwegen wieder Alles so sein, wie es ehedem gewesen ist. Du hast ja sonst auch nicht zu klagen gehabt."

Else strich sich mit der Hand über die Stirn. „Aber wie sollte das geschehen können? Nein, nein – überall, nur nicht –"

„Ach was, Du mußt nicht dumm sein, Else! Ich trage Dir nichts nach. Komm nur mit!"

Else schüttelte heftig den Kopf. „Ich kann arbeiten", sagte sie, „und brauche keinem zur Last zu fallen und zum Aergerniß zu sein."

„Aber davon ist da nicht die Rede! Es geschieht mir selbst ein Gefallen damit. Weshalb willst Du nicht?"

„Wegen des Endrik!" platzte Else heraus, blutroth im Gesicht. „Ich weiß nicht, ob er noch an mich denkt. Wenn nicht, so will ich ihn nicht erinnern; wenn aber doch, dann taug' ich erst recht nicht in Dein Haus."

Frau Grita rieb die eine Hand mit der andern. „Der Endrik ist jetzt in Rußland", sagte sie.

„Und will da bleiben?"

„I bewahre! Er kauft Holz für mich."

„Und wenn er zurückkommt…"

„Dann werden wir uns einmal gründlich mit einander aussprechen. Dagegen hast Du doch nichts?"

„Ich? Nein, ich will's ihm nicht schwer machen, sich mit seiner Mutter zu versöhnen. Mag er's thun! Aber in Dein Haus, Grita, in Dein Haus …" Es war, als schnürte sich ihr die Kehle zu, und als erstickten die Worte. Sie stand auf und schöpfte aus tiefster Brust Athem. „In Dein Haus könnt' ich mit meinem Herzen nur zurück – als seine Frau, nicht anders."

„Nu – wie mein' ich's denn auch anders?" rief die Wittwe und schlug mit der Hand auf den Kasten. „Sonst hätt' ich Dir's doch nicht angeboten! So unvernünftig bin ich doch auch nicht."

Else trat im freudigsten Schreck rasch einen Schritt vor. „Ich soll… Grita!…" Sie stockte wieder, meinte an das Unverhoffte gar nicht glauben zu können, senkte die Augen und heftete sie wieder mit ängstlicher Spannung auf das Gesicht der Frau.

„Ich sage, meinetwegen mag es geschehen", fuhr dieselbe in knurrigem Tone fort. „Lieber wär' mir's anders gewesen, und schwer genug kommt mich's an ... obgleich ich gegen Dich sonst gar nichts habe. Ganz im Gegentheil! Daß Du ein tüchtiges Mädchen bist, braucht mir Keiner zu sagen – und diese letzten Geschichten ... Ich sage: meinetwegen mag es geschehen, und damit gut. Kann's der Herr Fischmeister überwinden, überwinde ich's auch. Aber daß Du nur nicht glaubst, der Endrik habe mir es abgetrotzt! Der weiß gar nichts davon, daß ich Dich besuche und wieder zu mir nehme – kein Wort hat er zu mir gesprochen, daß ich es thun möchte. Wenn Einer mich auf andere Gedanken gebracht hat, so könnte es eher der Herr Fischmeister gewesen sein. Das heißt auch nur, so krumm herum. Was ich will, das will ich von mir ganz allein, und nun ich einmal Ja gesagt habe, so soll's sein aus freien Stücken, und so ist mir's auch recht und lieb. Und deshalb wär' es gar nicht nöthig, daß Du Dich verwunderst, sondern Du packst Deine Sachen und kommst mit, und das Andere versteht sich Alles von selbst. Verstehst Du?"

Das war nun wohl deutlich genug. Else zitterte am ganzen Leibe, und die Thränen perlten ihr aus den Augen; sie sank in die Kniee nieder und drückte ihr Gesicht in den Schoß der alten Frau. „Das mag Dir Gott vergelten", schluchzte sie, „daß Du so an mir handelst. Den Vater habe ich verloren, aber die Mutter habe ich gefunden. Und Endrik ... Endrik ..." Sie küßte unaufhörlich ihre Hände und konnte sich nicht satt weinen.

Auch Frau Grita merkte, daß ihr das Wasser in die Augen kam. „Ei Du mein Jesus", sagte sie abwehrend, „was ist das für ein Geplärre! Hat man seine liebe Noth mit den Kindern! Es ist ja gut! Der Endrik, denke ich, wird nicht anderen Sinnes geworden sein – sonst kann ich Dir freilich nicht helfen."

„O, der Endrik ist gewiß treu!" rief Else; „und jetzt kann

ich mich ja darüber freuen! Das ist ein froher Tag! Sieh, wie die Sonne hell scheint... o Gott! o Gott! Ich kann's gar nicht aushalten hier in dem engen Raume. Draußen singen die Lerchen... laß mich nur ein kleines Weilchen – ich bin gleich wieder bei Dir!"

Damit stürmte sie hinaus und lief eine Strecke in den Moosbruch hinein, bis um sie Alles wüst und öde war. Da fiel sie auf die Kniee und betete laut mit Worten heißen Dankes, wie sie in keinem Buche standen. Die Haidelerchen aber trillerten dazu.

Und dann ging sie ganz gesetzt nach Hause zurück, überlegend, wie sie ihre Angelegenheiten rasch in Ordnung bringen könne, und sagte der Wittwe, heute könne sie noch nicht fort, aber morgen wäre es möglich. Frau Endromeit entschloß sich, die Nacht zu bleiben, und half beim Zusammenpacken der Sachen. Die Alte schickte Else zu dem Manne, der das Haus übernommen hatte, und ließ ihm sagen, daß er am andern Tage einziehen könne.

Als er anlangte, war sie schon mit der Wirthsfrau unterwegs nach Gilge.

Zwei Wochen später kam Endrik, nachdem er seine Geschäfte in Rußland zur Zufriedenheit erledigt hatte, mit dem Dampfschiff von Tilsit den Fluß herab. Da dasselbe erst in Nemonien Station machte, hatte er den Kapitän gebeten, ihn in der Nähe von Karolinenbruch auszusetzen, falls sich dort ein Fischerboot heranwinken lasse. Er hätte nach Gilge auch einen andern Weg gehabt; aber es stand schon lange bei ihm fest, daß er nicht nach Hause zurückkehren wolle, ohne vorher Else besucht und ihr gesagt zu haben, daß sie sich durch nichts von dem, was geschehen, solle beirren lassen. Seiner Mutter in der Not zu helfen, sei Sohnes-Pflicht gewesen, und Aergerniß habe er gern vermieden. Nun, zum Sommer, müsse er aber zusehen, wie er etwas auf eigene Hand unternehme, damit er ihr Wort halten könne. Nach der langen Trennung freute er sich recht auf dieses Wiedersehen.

Von dem, was dem Fischmeister begegnet war, hatte er nicht das Mindeste erfahren. Erst als er bei der Ausschau über den Strom sein Haus an der bekannten Stelle vermißte und verwundert einen der Matrosen danach fragte, erhielt er von ihm die nötige Auskunft. Ein Händler aus Labiau, der das Gespräch mit angehört hatte, mischte sich ein und fragte: „Es hat ja sogar in den Zeitungen gestanden. Ein Schuft – ich habe seinen Namen vergessen – ich glaube, so Einer vom Moosbruch drüben, soll aus Rachsucht im Winter alle Pfähle unter dem Hause eingesägt haben. Und dann hat ihm der Schaktarp geholfen, der in diesem Jahre schlimm genug war. Das Eis soll das Haus fortgeschoben und mitten im Strom niedergesetzt haben, und der Fischmeister wäre sicher mit seiner ganzen Familie elendiglich im Wasser umgekommen, wenn nicht das Mädchen, von dem der Matrose sprach, mit Lebensgefahr geholfen hätte. Es ist ein rechtes Heldenstück gewesen, stand in den Zeitungen."

„Nannte er das Mädchen vielleicht Else?" fragte Endrik gespannt aufmerkend.

„Die Else vom Moosbruch – ja. Ihr Vater ist bei derselben Gelegenheit ertrunken. Wo der Fischmeister jetzt wohnt, weiß ich nicht."

Endrik rief einem Jungen, der eben ein Boot übersetzte, zu, er solle herankommen und ihn aufnehmen. Der Kapitän ließ die Maschine einen Moment stoppen, damit er ungefährdet absteigen könnte.

Der Junge kannte Endrik, erzählte die Geschichte noch umständlicher und bestätigte, was er gleich geahnt hatte, daß Else Jurgeitis die kühne Retterin gewesen sei. Am Moosbruch abgesetzt, eilte Endrik sogleich auf das kleine Häuschen zu,

das wackere Mädchen in seine Arme zu schließen. „Else –
Else!" rief er schon draußen an der Thür.

Aber es öffnete ihm eine ganz fremde Frau, die ein kleines
Kind auf dem Arme trug und einen Knaben, der sie plärrend
am Rock festhielt, mit Scheltworten zurückjagte. „Der Jurgeitis ist ertrunken", gab sie zur Auskunft, „und seine Tochter
hat uns das Haus verkauft. Sie ist nicht mehr hier."

„Aber wohin ist sie gegangen?" fragte Endrik sehr beunru-
higt.

„Das weiß ich nicht", lautete die Antwort. „Sie wird sich ja
schon melden, wenn sie ihr Geld zu fordern hat. Weiß Gott,
wie wir es aus dem elenden Lande herauswirthschaften."

„Sie wird doch aber gesagt haben, wohin sie geht."

„Ich habe sie gar nicht mehr getroffen, als wir anzogen.
Eine Wirthsfrau soll sie abgeholt haben – aus Gilge, glaube
ich." „Aus Gilge?"

„Oder aus Inse – ich habe mich darum wenig gekümmert.
Am liebsten wäre es uns, sie meldete sich gar nicht mehr."

Ein Weiteres war aus der Frau nicht herauszubringen. Endrik ging traurig nach dem Flusse zurück, miethete einen kleinen Kahn und ließ sich nach Nemonien bringen. Es war ihm
jämmerlich zu Muthe, als sei Else verloren und im Leben
nicht wiederzufinden; er machte sich die bittersten Vorwürfe,
daß er seiner Mutter wegen so lange gezögert und sein Glück
verscherzt habe.

Ohne Aufenthalt ging er durch das lange Dorf und dann
am Haff-Ufer entlang auf Gilge zu, so durchbrüchig die Wiesen auch in dieser frühen Jahreszeit noch waren. Er wollte
nur schnell zu Hause sein, um seiner Mutter Rechnung zu legen und darauf für immer fortzugehen.

Es war schon gegen Abend, als er diesseits des Gilge-Stromes anlangte und am Kruge vorbei auf eine vortretende Stelle
des Ufers zuschritt, die dem väterlichen Grundstück gegen-

über lag. Da er im kleinen Hafen drüben neben den Holzreihen Jemand zu bemerken glaubte, winkte er mit dem Tuche, wie das auch sonst geschah, daß man ihn abhole.

Sogleich wurde ein Handkahn frei gemacht und in den Strom hinausgeschoben. Eine weibliche Person führte ihn mit solcher Geschicklichkeit, daß Endrik stutzig wurde. Und nun beim Näherkommen – nein, das mußte ein Augenverblendniß sein! Aber doch … Herr im Himmel – Else! Er beugte sich vor, bis er beinahe in's Wasser hinabglitt, hielt die Hand über die Stirn, um das blendende Licht abzufangen, kniff sich in den Arm zur Probe, ob er wach sei. „Else – kein Zweifel – Else! Aber da muß ja ein Wunder geschehen sein!"

Und immer rascher näherte sich der Kahn; zuletzt flog er förmlich über den glatten Wasserspiegel, von den kräftigen Ruderschlägen getrieben. Und haarscharf traf er die Stelle am Ufer, wo Endrik stand. Er sprang hinein mit ausgebreiteten Armen und umfaßte stürmisch das liebe Mädchen. „Else", rief er, „bist Du es denn wirklich und leibhaftig? Habe ich geträumt? Bist Du noch immer in meiner Mutter Haus? Oder … Nein, es ist nicht zu glauben."

„Setze Dich nur", sagte sie, „ich erzähle Dir Alles bei der Ueberfahrt. Es braucht nicht vieler Worte. Deine Mutter selbst hat es so gewollt." Sie stieß ab und ließ den Kahn eine Weile treiben. Er wollte ihre Hand gar nicht losgeben. Dann, als der Bericht beendet war, nahm er selbst das Ruder und beeilte sich, in den Hafen zu kommen. Nicht rasch genug glaubte er seiner Mutter danken zu können.

„Na – na!" sagte sie, „zerreiße mich nur nicht gleich. Die Else sollst Du zur Frau haben, wenn es doch nicht anders sein kann; aber mit der alten Mutter müßt Ihr schon das Haus theilen. Wir werden uns ja hoffentlich vertragen, nachdem wir uns so gründlich ausgezankt haben." –

Nicht lange Zeit darauf kam eines Tages der Fischmeister.

An seinem Kutter hatte er die große Flagge aufgehißt. Und er selbst trug seine Staats-Uniform. Mit ihm waren Julie und ihr Bräutigam. Auch den Fischer-Schulzen und zwei Geschworene hatte er mitgebracht. Er klopfte ans Fenster und rief hinein: „Nun kommt es, Frau Gevatterin! Wo ist die Else? Sie soll einmal ihre beste Jacke anziehen; denn was ich mit ihr zu reden habe, das ist geredet im Namen des Königs. Ein Glas Portwein hinterher kann nichts schaden. Flugs, flugs! Ich warte noch eine Minute draußen."

Als er dann eintrat, hielt er an Else, die von Frau Endromeit an der Hand hervorgezogen wurde, eine feierliche Ansprache und steckte ihr die Rettungs-Medaille an die Brust mit einem laut schallenden: „Seine Majestät, unser allergnädigster König soll leben, vivat hoch!" Das Mädchen war glühendroth vor Scham, zog die Nadel gleich wieder heraus und reichte den Orden Endrik hin, der ihn ihr doch nicht abnehmen wollte. „Aber das schickt sich ja nicht für mich", stammelte sie, „und wenn ich damals nicht so traurig gewesen wäre, vielleicht wäre es gar nicht geschehen."

Der Fischmeister lachte. „Traurig oder lustig, darauf kommt es dem König nicht an, und vor dem lieben Gott putzen wir uns ja mit so etwas doch nicht aus! Nun aber passe einmal auf, Kind, was ich noch zu sagen habe. Die gute Königin hat erfahren, daß ein littauisches Mädchen sich so tapfer benommen, und hat sich den Bericht vortragen lassen, und hat aus eigener Bewegung gesagt, wie sie das Alles nach der Wahrheit gehört hat: ‚Die Else Jurgeitis soll aus meiner Schatulle ihre Ausstattung erhalten, wenn sie heirathet, und es soll nicht geknausert werden' – oder ungefähr so. Und das wird nun vom oberburggräflichen Amt nach Befehl ausgerichtet werden. Na – ist es so recht, Frau Endromeit? Wenn ich einmal für Einen schreibe, dann schreibe ich ordentlich!"

Um Johanni gab es in Gilge eine lustige Hochzeit.

Zu dieser Ausgabe

Der Wortlaut der Erzählung entspricht der Originalfassung von Ernst Wicherts Geschichte „Der Schaktarp" im Ersten Band der „Littauischen Geschichten" im 16. Band der Gesammelten Werke, im Verlag von Carl Reißner, 3. Aufl. Dresden und Leipzig 1904, S. 165–275.
Ernst Wicherts Orthographie wurde absichtlich unverändert in den Neudruck übernommen.

Nachwort

Ernst Wichert, der Verfasser der „Littauischen Geschichten"[1], wurde 1831 in Insterburg geboren. Wie sein Vater wurde er Jurist. An der Albertus-Universität Königsberg hörte er außer bei den Professoren der Juristischen auch Vorlesungen der Philosophischen Fakultät, bei Karl Rosenkranz vor allem, bei dem ersten Königsberger Kunsthistoriker Ernst August Hagen und bei Ludwig Friedländer. Rudolf Gottschall druckte seine ersten Verse „Freiheitslieder" 1848 in den von ihm redigierten „Baltischen Blättern".

Die lebenslang anhaltende literarische Produktivität Ernst Wicherts kann nur als erstaunlich bezeichnet werden. Sein Gesamtwerk umfaßt über sechzig Novellen und Erzählungen, achtzehn zum Teil mehrbändige überwiegend historische Romane, mehr als dreißig Theaterstücke und eine große Zahl von wissenschaftlichen Abhandlungen und Aufsätzen über historische, wirtschaftliche, aktuelle, politische und soziale Themen, sowie über das zeitgenössische Theater. Die Tatsache, daß er eine ganze Reihe seiner historischen Romane und Dramen bis zu fünfmal überarbeitete, ohne seinen Beruf als Richter zu vernachlässigen, vermittelt einen Eindruck von Wicherts Schaffenskraft.

Mit seinen theoretischen und kritischen Arbeiten kam er zu seiner Zeit in allen führenden Zeitschriften zu Wort. Besonders erfolgreich war er als Lustspielautor. Einige dieser Stücke, wie „Ein Schritt vom Wege" und „Der Narr seines Glücks" (beide 1876), erlebten bis zu hundert Aufführungen. Sie gehörten zum Spielplan aller großen deutschen Theater, unter ihnen das Berliner Hoftheater, das Münchner Residenztheater, das Hamburger Thalia-Theater und das Wiener Burgtheater.

1863 gründete Wichert zusammen mit Rudolf Reicke die „Altpreußische Monatsschrift". Sie hat in den mehr als acht Jahrzehnten ihres Erscheinens eine kaum meßbare Bedeutung für alle Fragen der politischen und kulturellen Geschichte Altpreußens erlangt. Ihre Bände sind heute, nach dem Ende der *deutschen* Geschichte Ostpreußens umso wertvoller, als sie eine große Zahl hoch bedeutsamer wissenschaftlicher Arbeiten zu seiner Geschichte bewahren.

Daß Ernst Wichert der Initiator und Begründer des „Allgemeinen deutschen Schriftstellerverbandes" (gegründet 1878) und der „Berliner Presse" war, und daß er sich – mit geringem Erfolg – um den Zusammenschluß der deutschen Bühnenautoren bemühte, sei erwähnt.

Seine Autobiographie „Richter und Dichter. Ein Lebensnachweis" (1899) eröffnet nicht nur Einblicke in sein Leben und Schaffen; sie enthält auch interessante, kenntnisreiche Schilderungen des gesellschaftlichen Lebens der Bürger Königsbergs im 19. Jahrhundert, insbesondere der Beamten- und Akademikerkreise und der literarischen Salons, über die es sonst kaum Berichte gibt.

In seiner beruflichen Laufbahn als Jurist spiegelt sich die Hochschätzung Wicherts durch die staatlichen Behörden: Nach einer dreijährigen Anfangsstellung als Richter am Amtsgericht von Prökuls im Memelland (südlich von Memel) stieg er über angesehene Richterstellen in Königsberg rasch auf. 1887 wurde er als Rat an das Berliner Kammergericht berufen. Er stand damit in seiner letzten richterlichen Tätigkeit an dem Platz, den vor mehr als sechs Jahrzehnten sein Landsmann E. T. A. Hoffmann bis zu seinem Tod innegehabt hatte.

In der schnell wechselnden literarischen Szene sind aus Ernst Wicherts umfangreichem Gesamtwerk nur wenige Werke lebendig geblieben, so der historische Roman „Heinrich von Plauen" und vor allem seine „Littauischen Geschichten".

Während seiner Amtszeit als Richter im memelländischen Prökuls lernte Wichert die Lebensweise, die Sitten und Gebräuche der preußisch-litauischen Bewohner des Memellandes und damit des nordöstlichen Regierungsbezirks Gumbinnen, der ursprünglich offiziell die Bezeichnung „Département Litthauen" trug, kennen. Er hat sie später in seinen „Littauischen Geschichten" geschildert. Es sind „Dorfgeschichten", wie sie in der zweiten Hälfte des 19. Jahrhunderts literarische Mode waren. Aber es sind Dorfgeschichten von eigener Art und eigentümlichem Reiz. Der bis dahin wenig bekannte Nordosten der Provinz Ostpreußen und seine dort ansässigen litauischen Bewohner wurden durch Wicherts „Littauische Geschichten" für die Literatur des 19. Jahrhunderts entdeckt und dem lesenden Publikum bekanntgemacht.

Die Angehörigen des alten litauischen Volksstammes – soweit sie auf dem Territorium des Ordensstaates ansässig waren – wurden im Laufe der Geschichte Altpreußens preußische Bürger und mit der Auflösung des Ordensstaates und der Einführung der Reformation 1525 evangelische Christen. In Wicherts „Littauischen Geschichten" haben sie ihr literarisches Portrait zu dem Zeitpunkt erhalten, als der Prozeß ihres unaufhaltsamen kulturellen und sprachlichen Untergangs einsetzte. In litauischer Sprache hatte der preußisch-litauische Pfarrer Kristijonas Doneleitis (Christian Donalitius; 1714–1780) dieses Portrait schon ein Jahrhundert früher in seiner Dichtung „Die Jahreszeiten" entworfen.

Wicherts litauische Geschichten führen in der spürbaren Melancholie ihres Verfassers weit über den voraussehbaren

Untergang eines eigentümlichen und eigenwilligen Teils der Bevölkerung Ostpreußens hinaus: Sie haben den Charakter eines historischen Dokuments. Die in ihnen aufgezeigten kulturgeschichtlichen Aspekte sind ebenso bedeutsam wie die volkskundlichen Aufschlüsse über Lebensart, Sitten und Gebräuche und die Denkweise der preußischen Litauer.

In älteren Dokumenten, Drucken und dichterischen Werken bis zum Ersten Weltkrieg werden die evangelischen preußischen Litauer in Übernahme des Namens des Regierungsbezirks, in dem sie als Bürger lebten, als „die Litthauer" bezeichnet. Die östlich der Grenze zwischen dem Deutschen Reich und Rußland lebenden späteren „Nationallitauer" waren russische Untertanen und römisch-katholischen Glaubens. Sie sind in den „Littauischen Geschichten" nicht gemeint, weder von Ernst Wichert noch später von Hermann Sudermann. Die Vorfahren der Litauer späterer Jahrhunderte hielten erheblich zäher und länger an ihrem heidnischen Glauben fest als die weiter westlich lebenden Preußen. Sie verteidigten sich hartnäckig und ausdauernd gegen die „Kreuzzüge" des Ordensheeres und brachten es mehrfach in harte Bedrängnis. Nachdem ihr Großfürst Jagaila durch die Heirat mit der polnischen Prinzessin Hedwig als Jagiello König von Polen geworden war, unterlag der Deutsche Orden dem litauisch-polnischen Heer 1410 in der Schlacht von Tannenberg.

Trotzdem gelang es dem Orden in zähem, langanhaltendem Ringen, die eroberten Gebiete im Nordosten zu halten und zu verteidigen, so daß sie nach dem Ende des Ordensstaates 1525 Teil des Herzogtums Preußen wurden.

In der „seinem lieben Freunde und Collegen Louis Passarge" zugeeigneten „Vorrede" zu seinen „Littauischen Geschichten" schreibt Ernst Wichert u. a.: „Das preußische Littauen wurde dann mit in die Reformation hineingezogen und dadurch überhaupt erst zu einem christlichen Lande gemacht. Nun beginnen die Bemühungen der protestantischen Seelsorger um die Herstellung von Schriftwerken in littauischer Sprache. Der Katechismus wird übersetzt und in Druck ausgegeben, dann auch die Bibel. Das Glaubensbekenntnis mehr noch als die politische Sonderung scheidet nun den preußischen Littauer von seinem katholischen Stammesnachbarn bis zur völligen Entfremdung."[2]

Die Litauer protestantischen Glaubens behielten ihre heidnischen Gewohnheiten und Bräuche noch jahrhundertelang bei, trotz aller kirchlichen Bemühungen. Immer noch hingen Glück und Unglück, Krankheit und Heilung, gute und schlechte Ernten von den vorchristlichen litauischen Naturgöttern und deren Wohlwollen oder Zorn ab. Wicherts Geschichte „Der Schaktarp" schildert einige zu seiner Zeit noch lebendige Beispiele, so etwa anläßlich des „Zarms", d.h. der Beerdigung des reichen litauischen Fischerwirts.

Das preußische Litauen, in dessen Bevölkerung und deren Eigenschaften, Berufe und Lebensformen Wicherts Geschichten dem Leser aus genauer Kenntnis Einblicke eröffnen, beurteilt der Dichter historisch und sachlich zutreffend, wenn er klarmacht: „Littauen war zur Zeit des Deutschen Ordens ‚Wildniß'. Städte, Dörfer, Marktflecken, Gutssitze haben meist neueren Ursprung. [...] An der mittelalterlich-historischen Entwicklung des übrigen Ostpreußen hat dieser Grenzstrich nicht teilgenommen. [...] Und wie fern blieb er nicht noch ein Jahrhundert lang selbst dem Hauptorte der Provinz [...]. Man fühlte sich in der Grenzmark. Man ordnete seine Angelegenheiten möglichst selbständig, ohne sich von der Regierung ängstlich leiten zu lassen. [...] Meine littauischen Geschichten beschäftigen sich nur nebenher mit den deutschen Landsleuten im Grenzgebiet. Den entlegensten Strich desselben suchte ich auf, von dem Stammvolk zu erzählen, das ich dort vor zwei Decennien noch in ziemlich geschlossener Masse antraf."[3]

Die Litauer haben nie den Anspruch erhoben, „im preußischen Staat eine Rolle zu spielen". Innerhalb ihres Bezirkes wollten sie (nach Wichert) „sich ihrer angestammten Sprache bedienen, ihren Sitten und Gewohnheiten treubleiben und ihre Wirtschaftsweise beibehalten". Die preußische Regierung hat sie hierin nicht behindert. Sie hat sich im Gegenteil bemüht, ihre nationale Eigenart zu erhalten. Bis über das Jahr 1933 hinaus hielt die evangelische Kirche nach dem deutschen Gottesdienst den Gottesdienst in litauischer Sprache. Bedingung für die Besetzung einer Pfarrstelle war die Beherrschung der litauischen Sprache und die Sicherheit in der Feier der litauischen Liturgie durch den Bewerber.

Trotzdem sah Ernst Wichert mit nüchternem Blick den fortschreitenden Untergang des Litauertums voraus. „Sobald die deutsche Kultur anfing, im Lande der Litauer festen Fuß zu fassen, war auch deren Schicksal besiegelt. Es kann noch längere Zeit dauern, bis die letzte Spur nationalen Daseins ausgelöscht ist; verschwinden werden sicher einmal die Littauer in Preußen, wie die Stammpreußen verschwunden sind, obschon auch ihnen Bekenntnisschriften in ihrer absterbenden Sprache zuzuführen die Kirche nicht unterließ."

Der Litauer ist ursprünglich Bauer oder Fischer. An Bildungsfähigkeit steht er hinter seinem deutschen Nachbarn nicht zurück. „Littauische Namen trifft man überall in Ostpreußen, namentlich auch in den größeren Städten und in allen Berufskreisen und Geschäftszweigen an; aber die wenigsten Vertreter derselben verstehen auch nur noch ein Wort Littauisch. Söhne von Littauern studieren, besteigen die Kanzel, tragen eine Robe, nehmen einen Lehrstuhl der Universität ein. Sie hören damit auf, Littauer zu sein. Auch in ihrem preußisch-littauischen Stammland sind Littauer tätig als

Geistliche, Beamte, Präzeptoren, Lehrer, Anwälte und Ärzte. Sie müssen die deutsche Landes- und Amtssprache beherrschen. Deshalb lernt jedes litauische Kind in der Schule die deutsche Sprache."

Den gerade den litauischen Bauernstand dezimierenden Verfallsprozeß beschreibt Wichert in seiner „Vorrede" ausführlich unter Darlegung der ineinanderwirkenden Faktoren des sozialen und kulturellen Niedergangs. In den meisten der „Littauischen Geschichten" spielt er eine wichtige Rolle und wird an Einzelbeispielen ausführlich vergegenwärtigt. Zu Recht stellt Wichert fest, daß dieser Verfallsprozeß nicht des tragischen Charakters entbehrt. Er ist „merkwürdig für den Volkspsychologen, aber auch dem Dichter giebt er reichliches Material zu novellistischer Ausprägung. Wir brauchen nicht bis zu den Rothäuten Nordamerikas zu gehen, um der Dichtung tragischen Stoff dieser Art zuzuführen."

Der Neudruck von Ernst Wicherts litauischer Geschichte „Der Schaktarp" möchte diese versunkene Welt in Erinnerung rufen.

Von dem litauischen Wort „Schaktarp" sagt Wichert in seiner „Vorrede", „daß es ins Deutsche übersetzt ,zwischen den Zweigen' bedeutet". Man hat eben an die Zeit zu denken, wo in diesem den Überschwemmungen der großen Flüsse ausgesetzten Gebiet die Wege nur durch aufgelegte Baumzweige, also Herstellung eines Knüppeldammes, gangbar gemacht werden können. Im Sprachgebrauch der nordostpreußischen Litauer war es das Wort für Eisgang und Überschwemmung. Der „Schaktarp", dieser alles Menschenwerk mit sich reißende Frühlingseisgang auf dem Gilgestrom – einer der hochdramatischen Abschnitte der Erzählung –, bricht mit Urgewalt über die im Konflikt befindlichen Menschen herein, gefährdet und befreit sie zugleich. Die Wirklichkeitsnähe des Erzählten erweist sich schon äußerlich darin, daß die

Orte des Geschehens nicht erfundene Namen tragen, sondern die Fischerdörfer mit ihren offiziellen Ortsnamen bezeichnen. Die Dörfer Nemonien und Gilge lagen in unmittelbarer Nähe der Flußmündungen, die Häuser der Fischer, Kirche, Schule und Gasthaus beiderseits des Flusses, nur die Breite eines schmalen Fahrweges vom Ufer entfernt. Der Fluß war die eigentliche Dorfstraße. Vor jedem Gehöft befand sich der dazugehörige Hafen mit den Kähnen, die für alle Dorfbewohner das unentbehrliche Verkehrsmittel waren. Ungefähr in der Mitte des sich am Fluß entlang streckenden Dorfes stand die Fähre zum Übersetzen für Fuhrwerke, Tiere und Waren bereit.

In der spannenden, realistischen und zugleich dramatischen Erzählkunst Ernst Wicherts erleben wir seine litauischen, in ihrem Heimatboden verwurzelten naturhaften Menschen, wie sie in Freud und Leid, Glück und Unglück ihr einfaches Leben führen, das nicht frei ist von Tragik und Leidenschaft, Haß und Liebe.

Helmut Motekat

Anmerkungen zum Nachwort

[1] Für tot erklärt. Berlin 1871. – Ansas und Grita. Aus: Deutscher Reichskalender auf das Jahr 1873. München 1872. – Dass. in: Deutscher Novellenschatz, hrsg. v. Paul Heyse und Hermann Kurz, Bd. 14, S. 195–300. München o. J. – Wider den Erbfeind und andere Erzählungen. 2. Bd.: Ansas und Grita. Berlin 1873. – Für todt erklärt. Erzählung. Leipzig 1879. – Littauische Geschichten. Leipzig 1881. – Mutter und Tochter. Eine littauische Geschichte. In: Deutsche Rundschau Bd. 41 (1884), S. 1–40. – Endrik Kraupatis. Eine littauische Geschichte. In: Illustrierte Deutsche Monatshefte 66 (1889), S. 417–452. – Littauische Geschichten. Neue Folge. Leipzig 1890. – Das Grundstück. Eine litauische Geschichte. In: Westermanns Illustrierte Deutsche Monatshefte 70 (1891), S. 799–853. – Nur ein Jude! – Das Grundstück. Neue Littauische Geschichten. Leipzig 1893. – Die Schwestern. Eine litauische Geschichte. Dresden und Leipzig 1896. – Gesammelte Werke, Bd. XVI und XVII: Littauische Geschichten Bd. 1 und 2. Dresden und Leipzig 1900 und 1901. – Der Wilddieb. Volksbücher der Deutschen Dichter-Gedächtnis-Stiftung, Heft 13, Hamburg 1908. – Die Schwestern. Mit einer Einleitung von Ernst Schultze, einem Bilde Ernst Wicherts, 3 Vollbildern und 4 Halbbildern von Fritz Cohrs. Hamburg 1911. – Ewe. Hausbücherei der Deutschen Dichter-Gedächtnis-Stiftung. Bd. 10: Dorfgeschichten. Hamburg 1911. – Mutter und Tochter. Regensburg und Leipzig 1924. – Litauische Geschichten. Königsberg/Pr. 1927. – Litauische Geschichten. Mit einem Porträt und 8 Illustrationen nach Handzeichnungen des Dichters. Herausgegeben und mit einem Vorwort versehen von Paul Wichert. (Inhalt: Mutter und Tochter. – Das Grundstück. – Ewe. – Der Schaktarp. – Endrik Kraupatis. – Für tot erklärt.) Berlin 1927. – Litauische Geschichten. Einmalige Ausgabe (Einbandentwurf von B. Hansen.

12 Federzeichnungen vom Dichter selbst). Hamburg 1934. – Litauische Geschichten. Erinnerungen eines preußischen Kreisrichters. (Hrsg. und mit einem Nachw. vers. von Reinhard Lehmann.) Berlin 1983.

Zusammengestellt im Dezember 1987 nach den Bestandskatalogen der Bayerischen Staatsbibliothek München, der Münchner Stadtbibliothek, der Deutschen Schillergesellschaft Marbach a. N., des Deutschen Literaturlexikons von Kosch und unter Zuhilfenahme der eigenen Aufstellung von Ernst Wichert in seiner Autobiographie „Richter und Dichter".

[2] Abbildungen der Titel- und Textseiten litauischer Übersetzungen protestantischer deutscher Bücher, wie der von Johann Bretke übersetzten Bibel, des Katechismus etc. vgl. Helmut Motekat, Ostpreußische Literaturgeschichte, München 1977, S. 37–50

[3] Ernst Wichert in der seinem Freund Louis Passarge zugeeigneten „Vorrede" zu den „Littauischen Geschichten", 1. Aufl. 1881.

Louis Passarge (1825–1912), Verfasser zahlreicher Reisebeschreibungen der europäischen Länder, die er in seinem ausgedehnten Wanderleben erforscht hatte (Italien, Spanien, Portugal, den Balkan und Skandinavien), hat in seinen „Baltischen Novellen", seinen „Strandbriefen" und seinen Studien „Aus baltischen Landen", die das Samland, die Kurische Nehrung beschreiben, interessante Details der Lebensweise und des Brauchtums der litauischen und kurischen Bewohner geschildert.

Inhalt

Deutsche Bibliothek des Ostens *bei* Nicolai

Deutsche Bibliothek des Ostens *bei* Nicolai